절망과 마주앉은
그대에게

절망과 마주앉은 그대에게

초판 1쇄 발행 2019년 5월 12일
2쇄 발행 2019년 6월 12일

지은이 김규태
펴낸이 장길수
펴낸곳 지식과감성#
출판등록 제2012-000081호

디자인 장홍은
편집 이현, 최지희
교정 김연화
마케팅 고은빛

주소 서울특별시 금천구 빛꽃로298 대륭포스트타워6차 1212호
전화 070-4651-3730~4
팩스 070-4325-7006
이메일 ksbookup@naver.com
홈페이지 www.knsbookup.com

ISBN 979-11-6275-619-5(03810)
값 15,000원

ⓒ 김규태 2019 Printed in Korea

잘못된 책은 구입하신 곳에서 바꾸어 드립니다.
이 책의 전부 또는 일부 내용을 재사용하려면 사전에 저작권자와 펴낸곳의 동의를 받아야 합니다.

이 도서의 국립중앙도서관 출판예정도서목록(CIP)은 서지정보유통지원시스템
홈페이지(http://seoji.nl.go.kr)와 국가자료공동목록시스템(http://www.nl.go.kr/kolisnet)에서
이용하실 수 있습니다. (CIP제어번호 : CIP2019017466)

홈페이지 바로가기

절망과 마주 앉은 그대에게

김규태 산문집

머리말

여기 모은 글들은, 내가 만난 소중한 인연으로부터 선물 받은 삶의 향기와 나의 어리석음이 불러온 고뇌의 파편, 존재의 심연을 흐르던 고독의 샘물 몇 모금, 그리고 자연과 예술의 아름다움이 준 감동 이런 것들이 내 영혼에 새긴 무늬다.

이 무늬가 독자들에게 조금이라도 의미 있는 것으로 전해지면 얼마나 좋을까 하는 기대를 하면서 책으로 묶는다.

이 책이 나오기까지 도움을 주신 이해인 수녀님, 김순실 시인, 박종록 변호사, 김선자 님, 그리고 출판사 관계자 분들께 심심한 감사의 인사를 드린다.

그리고 내가 마음 편하게 좋아하는 일을 할 수 있도록, 일생을 아름답게 꾸며가도록 묵묵히 지원해 준 아내와 딸에게 이 책을 바친다.

2019년 봄
춘천에서 **김규태**

차례

머리말 ················· 4

1. 달팽이

차茶 ······················· 10
잘 가라 꾀꼬리 ············· 11
두 번째 아내 ··············· 14
눈밭의 하루 ················ 16
달팽이 ····················· 19
애견 일기 – 출산 ············ 21
안개 도시 ·················· 26
아름다운 전화 통화 ········· 28
호반의 벤치 ················ 31
영화「아마데우스」 ·········· 34
금박댕기 ··················· 37
매향의 속삭임 ·············· 40
논어 ······················· 42
아름다운 초대 ·············· 44

2. 까치 소리

하귤소스 ·················· 46
까치 소리 ·················· 48
추억의 보따리 ·················· 54
별이 된 그대에게 ·················· 59
배꼽 때 ·················· 62
에네미고개의 추억 ·················· 64
운 좋은 사람들 ·················· 67
겐지스강의 모래 ·················· 73
갈목마을의 노을 ·················· 76
취시선醉是僊 ·················· 79
눈물 냄새 ·················· 83

3. 피아노 위의 누드

감사의 키스 ·················· 86
연밭 일기 ·················· 88
절부암節婦巖 ·················· 91
사진 이야기 ·················· 94
나의 방앗간 ·················· 97
공중제비 소녀 ·················· 99
피아노 위의 누드 ·················· 101

불일암에서 ················· 106
바라나시 ·················· 109
후회 ······················ 113
여행 ······················ 116

4.   행복테크

느낌 ······················ 122
연습하기 ·················· 124
인연의 보물찾기 ············ 126
『무소유』 ·················· 128
부러운 사람 ················ 129
감성에 대하여 ·············· 131
꽃잎 ······················ 135
50대 중반 ·················· 136
행복테크 ·················· 138
무사명과실無使名過實 ········ 148
해바라기 연가 ·············· 149
인격 ······················ 153
한때의 열망 ················ 155
행운 ······················ 163

5. 만병통치약

더 좋은 세상을 위하여 ················· 168
거시기한 기분 ························· 173
부자富者 ······························ 175
매너모드 ······························ 177
절망과 마주앉은 그대에게 ············· 180
만병통치약 ···························· 186
고무줄놀이 ···························· 198
돈 ···································· 204
죄수 번호 ····························· 210
입 닫고 지갑 열고 ····················· 213
우울증 ································ 215
경포대에 벚꽃이 피면 ·················· 222
마음에 상처가 난 친구에게 ············· 224

6. 딸에게

독서 ·································· 228
수저 ·································· 231
딸에게 ································ 233

맺는말 ································ 285

1. 달팽이

차(茶)

팽주*는 찻물 한 방울 떨어지는 소리까지도 소중하게 생각한다. 이른 아침 나뭇잎에 맺혔던 이슬이 수면에 떨어지며 호수를 깨우듯이, 물 따르는 소리가 동석한 사람들의 청각을 깨운다. 우아한 손놀림과 우러난 찻물의 옅은 색이 시각을 깨우고, 차의 온기와 찻잔의 부드러움이 손과 입술을 통해 촉각을 적신다. 그리고 차의 향과 맛이 후각과 미각을 흔든다.

꽃 한 송이와 조용한 음악이 분위기를 돋우고, 차를 내는 사람의 마음까지 녹아들면, 차 한 잔은 삶의 떫은맛을 부셔내는 묘약이다. 내 찻잔에는 늘 부드러움·향기·온화·순수·여유 같은 말들이 찰랑인다. 차를 마시는 것은, 오감을 깨워 반짝이게 하는 동시에 몸과 마음에 자비를 베푸는 행위다.

어느 누구와 동일한 시공간에서 차를 마신다거나 대화를 나누는 것은, 의미 있는 삶의 한 순간임에 틀림없다. 차는 조용한 곳에서 마음 편하게 나누는 것이 제격이다. 나는 우리 전통차를 마시면서 무겁거나 우울한 대화를 나눈 적이 없다.

함께 차를 마시는 사람들은 늘 내 찻잔에 웃음을 몇 조각씩 띄워주곤 했는데, 그때 차는 웃음 조각에서 우러난 향기까지 섞여 있는 듯했다. 어떤 때는 가볍고 즐거운 대화로 생각의 먼지를 털어 내거나, 마음의 공명이 일어나서 삶의 에너지를 얻을 때도 있다. 차는 늘 나에게 여유와 생기를 선물한다.

* 팽주: 사전에는 나오지 않지만 '차를 달여 내는 사람'을 뜻한다.

잘 가라 꾀꼬리

내가 근무하던 회사는 춘천 시내에 있었다. 담장 안에 아름드리 느티나무와 잣나무, 은행나무가 많아서 여러 종류의 새들이 찾아왔고 청설모도 살았다. 연못이 있어서 가끔 왜가리가 찾아오고, 산수유며 생강나무가 노란 꽃을 피워 봄소식을 전해 주기도 했다.

토요일 오후, 장맛비가 오락가락 했다. 점심 식사 후 혼자 e-메일을 열어 보며 소식을 전해 준 고마운 사람들을 생각하고 있었는데, 갑자기 뒤쪽 창문에서 퍽 하는 소리가 났다. 깜짝 놀라 뒤를 돌아보니 노란 꾀꼬리가 날아가는 게 언뜻 보였다. 유리창에 부딪쳤다가 놀라서 도망가는 줄 알았는데 창문 밑에 꾀꼬리 한 마리가 떨어져 있었다.

슬리퍼를 신은 채 서둘러 사무실 뒤 담장 쪽으로 나갔다. 꾀꼬리가 부딪친 큰 유리창을 쳐다보니 반영이 실제 하늘과 꼭 같았다. 속까지 훤히 보여 주다가도 때로는 빛을 전부 반사해 버리는 유리창의 이중성에 꾀꼬리가 속은 것이었다.

우리도 가끔 겉 다르고 속 다른 인간에게 속아 고난을 겪는 수가 있지만, 꾀꼬리랑 참새도 유리창에 반사된 거짓 하늘에 속아 생명을 잃거나 기절했다가 깨어나기도 한다. 지난해 여름에도 꾀꼬리 한 마리가 유리창에 부딪쳐 떨어진 것을, 정원 관리하는 아저씨가 담장 위에 올려 주었는데 한동안 고개를 갸웃거리다가 날아가는 것을 보았다.

떨어진 꾀꼬리는 눈을 감은 채 고개를 떨구고 있었으나 몸은 따뜻하고 촉감이 부드러웠다. 내 체온이 전해지면 살아날지도 모른다는 생각에 두 손으로 감싸 쥐고 기다렸다. 손에 들고 기다리는 것 외에 아무런 도움도 줄 수가 없었다. 그러나 시간이 흘러도 움직임은 없었다.

꾀꼬리의 몸이 식어 가고 있다는 생각이 드는 순간 죽음이란 단어가 내 가슴을 베고 지나갔다. 꾀꼬리가 앉아서 노래하던 버드나무 가지도 죽음을 눈치챈 듯, 여유 있는 모습으로 한들거리던 평소와 달리 꼼짝 않고 있었다. 무더운 날씨에도 아랑곳 않고 날마다 아름다운 노래를 들려주다가 이렇게 가 버리다니.

사진을 찍으려고 그렇게 숨어서 기다리고 숨소리까지 죽여 가며 망원렌즈 속을 들여다봐도 좀처럼 모습을 보여 주지 않던 꾀꼬리가, 이제 애태우지 말고 실컷 보란 듯이 내 손안에 있다. 녹색 빛이 도는 노란 깃털에 분홍색 부리, 물을 살짝 들여 멋을 낸 듯한 머리와 꼬리의 짙은 색, 대여섯 가지의 색으로 치장한 꾀꼬리. 혹시 최후를 부탁하려고 내 앞에 나타난 건 아니었을까 하는 생각이 들자 애련의 감정이 가슴에 차올랐다. 따뜻한 체온이 아직 내 손에 남아 있는데……. 하늘이 잔뜩 흐려 있었다.

죽음이 곧 망각은 아니다. 너의 맑고 고운 노래를 우리는 영원히 잊지 않고 사랑할 것이다. 입속말로 이렇게 말해 주었다. 담장 옆 잣나무 밑에 묻어 주면서 진심으로 한 생명의 종말을 위로해 주고 싶었으나, 더 이상 나는 어찌할 수가 없었다. 다만 깊이 묻어 주고 싶었다. 그래야 고양이나 빗물로부터 안전하고, 자연으로 돌아가는 길이 순탄할 것 같은 생각이 들었다.

삽을 창고에 세워 두고 정원을 가로 질러 사무실로 오는데, 그쳤던 비가 다시 내리기 시작했다. 빗줄기가 점점 굵어졌다. 평소 같으면 손으로 안경 위를 가리거나 손수건으로 머리를 덮고 뛰었겠지만, 오늘은 왠지 그러고 싶지 않았다. 얇은 반팔 와이셔츠는 금방 젖었고 빗물이 마음속까지 스며 들었다.

꾀꼬리 한 마리가 잎이 무성한 느티나무 가지에 숨어 짧게 울었다. 점점 굵어지는 빗속을 걸으면서 '잘 가라 꾀꼬리!' 나는 이렇게 말할 뿐이었다.

두 번째 아내

　광한루에 들렀다 나오면서 작은마누라를 얻었다. 이름은 죽부인(竹夫人)이다. 선인들의 지혜로 태어난 멋진 풍류를 나도 누려 보게 되었다. 오래 전부터 찾았는데 이제야 만났다.
　아내도 모양이 예쁘니, 색이 곱니 하면서 함께 선을 봤으니 두 번째 마누라를 허락한 셈이다. 죽부인을 안고 주차장으로 가는데, 속을 다 비워 버린 가볍디가벼운 몸이 내 품안에서 수줍은 듯했다.
　대나무처럼 늘 푸른 마음에 굳은 절개는 당연하고, 더위뿐만 아니라 내 마음에 고이는 고뇌나 슬픔도 덜어 주리라. 자신의 운명이나 괴로움은 제쳐두고 더위에 지친 나를 달래줄 것이다. 내가 원하면 기꺼이 몸을 내어 주고, 싫다면 투정 않고 물러날 것이다. 물론 아내에 대한 시기나 질투도 부리지 않을 터이다. 불만이나 원망의 말은 한 마디도 하지 않고, 평생 나만 바라보며 살 것이다. 나뿐만 아니라 가족들도 새로운 만남이 기쁜 듯 웃음소리가 평소보다 더 컸다.
　좋은 시(詩)나 그림으로 또는, 부귀영화나 높은 지위로 행복에 겨운 눈물 흘리도록 해 주지는 못하겠지만, 못난 짓 하지 않고 소중하고 아름다운 것을 알고 지키며, 양심의 기둥을 바로 세우고 살아가는 사내가 되어 남부끄럽지 않게 해주리라. 비록 지금은 보잘것없는 지아비이지만, 살다 보면 자연과 예술을 사랑하고 덕을 숭상하는 인간이 되어 그대 마음 환하게 해 줄

날이 있을지도 모르지 않으라가. 사군자의 혈통을 이어받은 그대 이름을 더럽히지 않으리라. 그리고 아름다운 인연이었다고, 행복한 삶이었다고 미소 짓게 해주리라.

누구든 아내를 얻을 때 이 정도의 다짐은 하겠지만 광한루를 돌아본 후에 얻은 터라, 죽부인과 춘향의 이미지가 겹쳐서 떠오르며 더욱 흐뭇했고, 그래서 자연스레 다짐을 하게 되었는지도 모르겠다.

한증막 같은 여름날이 와도 좋다. 죽부인이 더위를 막아줄 것이다. 훈풍이 가볍게 옷자락을 흔들었다. 콧노래가 절로 나왔다.

가족과 죽부인을 함께 태우고 내가 살고 있는 춘천으로 향했다. 지프의 뒤쪽에서 서먹서먹한 모습으로 우리 가족의 대화만 듣고 있는 죽부인에게, '정절은 아름다운 것이다. 나 아닌 그 누구의 품에도 들지 않도록 하라'고 마음속으로 말하며, 지아비의 근엄한 표정으로 한 번 웃어 주었다.

눈밭의 하루

춘천은 눈이 많은 고장이다. 작년에도 그랬고 올해도 정초부터 눈이 많이 왔다. 가족과 함께 새해 첫날 일출 보러 동해안으로 가려던 계획을 세웠다가 대설주의보를 듣고 취소했다. 대신 눈밭으로 가기로 하고, 평소 자주 다니던 춘천시 동면 상걸리 임도(林道)로 갔다. 간밤의 폭설로 지워진 산길을 지프에 체인을 치고 조심조심 올랐다.

눈 덮인 산등성이, 금방 푸른 물이 뚝뚝 떨어질 것 같은 하늘, 사려 깊은 사람의 속처럼 끝이 보이지 않는 오솔길, 누가 꼼짝하지 말라고 시키기나 한 듯 눈을 뒤집어쓰고 벌을 서고 있는 억새와 나목들…. 그 풍경이 문명의 때가 묻은 내 가슴을 속속들이 닦아 내는 듯했다. 자연 앞에 설 때마다 큰 희열을 맛보곤 하지만, 오늘도 감동의 물결이 가슴을 흔들었다. 딸과 아내도 동심으로 돌아간 듯했다. 하얀 입김을 내뿜으며 발그스레한 뺨을 한 얼굴에 즐거움이 가득했다.

눈을 좋아하는 나는, 늦가을부터 출퇴근이나 생활의 불편은 생각하지 않고 무작정 눈이 펑펑 쏟아지기를 기다리는 버릇이 있다. 차가우면서도 부드럽고, 부드러우면서도 순결한 이미지를 눈처럼 극명하게 내포하고 있는 사물이 또 있을까.

백설이 온 산천을 뒤덮을 때 설원을 바라보면, 자연이 내려 준 소중한 백지 같다는 생각이 들어 그 백지에다 산수화를 한 폭 그려 보든가, 아니면 자연을 노래하는 시를 한 편 적어봤으면 하는 꿈같은 생각을 하기도 한다.

강아지가 눈을 좋아한다고 해서 보리(우리집 애견 흰색 몰티즈)도 데리고 갔는데 정말 열광적으로 좋아했다. 몸집이 작은 보리가 잘 놀 수 있도록 차를 앞뒤로 여러 번 오가며 눈을 다져 놓고, 눈싸움도 하고 달리기도 했다. 보리는 큰 소리로 짖기도 하고 고꾸라지기도 하며 좋아했다. 숨을 헐떡이며 눈밭을 끝없이 뛰어 다녔다.

조금 떨어져서 보면 까만 눈과 코가 세 개의 검은 콩처럼 보였다. 태어난 후 처음으로 눈을 접했는데도 전에 여러 번 눈밭에서 놀아 본 경험이 있는 것처럼 좋아했다. 나도 장갑을 벗고 강아지처럼 손으로 눈 덮인 땅을 짚어 보았다. 손이 시리기가 이루 말할 수 없었다. 아파트에서 우리 가족과 함께 살며 사람보다 체온이 2도나 더 높은 강아지는 왜 발이 안 시린지 알 수가 없었다.

숨이 차게 뛰고 놀았다. 놀다가 몸이 식으면 히터를 켜 놓은 차 안에서 쉬고, 그러다 다시 나가 놀기를 반복했다. 황모(黃毛)의 족제비도 눈밭에 긴 꼬리를 끌며 나타나, 이 산중에 웬 소란인가 하고 슬쩍 우리를 보고 갔다. 다른 짐승 발자국도 보이길래 미리 준비해 간 콩을 놓아 주면서, 동면에 들지 못하고 겨울을 나는 생명들이 엄동을 무사히 보내도록 빌어 주었다.

정신없이 놀다 숨이 차서 고개를 들면 겹겹이 쌓인 산들이 나를 에워싸고 있었다. 먼 산은 희미하게 그리고 가까운 산은 뚜렷하게 웃고 있었다. 믿음직한 남자의 어깨 같은 능선들이 사이좋게 어깨동무를 하고 있었다.

백설에 묻혀서 시간의 흐름을 망각한 순간, 순수라든가 부드러움이라든가 하는 말들이 가슴속에서 이리저리 굴러다녔다. 순수라는 말은 아름답다는 말과, 부드러움이란 말은 편안하다거나 기분이 좋다는 말과 가까운 사이라는 생각이 들었다. 우리도 순수함과 부드러움을 지녔다면 무엇이 더 필요할까. 그 이상의 것은 군더더기요, 더 원한다면 집착이 아닐까.

혹시 나는 쓸데없는 욕망을 짊어지고 살아가는 가엾은 인간은 아닌가. 아름답고 눈물겨운 것들을 못 본 척 지나치며 안일하게 본능을 좇아 살아온 것은 아닌가. 부정의 안경을 낀 채 흐린 눈으로 세상을 바라보며 살아온 건 아닌가. 설경에 취한 탓인지 이런저런 생각들이 꼬리를 물고 일었다.

별 반찬이 없는데도 점심은 맛있었다. 다른 식사 때보다 시장이란 반찬 한 가지가 더 있을 뿐이었는데……. 비좁은 차 안에서 이마를 맞대고 가족이 서로 이것저것 먹어 보라며 집어 주는 반찬은 더욱 맛이 좋았다.

식사가 끝나자 보리는 또, 눈밭으로 나가자고 끙끙거렸다. 본능에 충실한 거짓 없는 동물— 키워 보지 않은 사람은 개가 인간을 얼마나 즐겁게 하는지 모르리라. 인간으로 하여금 얼마나 위선의 부끄러움에 몸서리치게 하는지도 모르리라. 다시 보리와 함께 눈밭에서 장난을 치며 뒹굴었다. 신발이 젖고 보리는 다리며 앞가슴의 털까지 다 젖었다. 그건 아마 눈에 젖은 게 아니고 즐거움에 젖은 것이리라.

겨울 해는 여름 낮을 반으로 접어놓은 듯 짧았다. 성에 낀 차창에 딸이 그려 놓은 그림이 지워지고 있었다. 해가 서쪽으로 조금 기울었는가 싶더니 금방 바람이 싸늘해졌다. 돌아오는 길에 옷깃에 매달리는 찬바람을 달래어 떼어놓고 뒤돌아보니, 아쉬운 듯 나무들이 손을 흔들고 있었다. ✾

달팽이

처가에서 뜯어 온 상추를 조금씩 나누어 신문지에 싸서 냉장고에 넣어 두고 먹고 있었는데, 4-5일 후 꺼낸 상추에서 달팽이가 한 마리 나왔다. 정원에 놓아주라는 아내의 말을 듣고 살펴보니, 뿔도 나오지 않고 차가운 것이 얼어 죽은 것 같았다.

손바닥에 놓고 이리저리 굴리며 만지고 있는데 변화가 일어났다. 딱딱한 껍질과 살 사이에서 아주 조금 물기가 배어 나왔다. 얼었다 녹는가 싶었다. 더 따뜻하게 해 줘야겠다는 생각이 들어 손으로 감싼 채 기다리다 다시 보니, 조금 전까지 가장자리만 젖었던 살 부분이 다 젖었다. 추운 냉장고 속에서 몇 날 며칠이나 살아 있었구나 하는 생각이 들면서 그 촉촉한 물기가 눈물처럼 느껴졌다.

살아 있다는 무언의 신호를 계속 보내오고 있었다. 물기가 돌고 껍질 속에 들어가 있던 살이 밖으로 밀려나오기 시작했다. 살며시 움켜쥐고 아파트 정원으로 내려갔다. 풀밭에 놓아주려고 보니 뿔까지 내밀고 손바닥에서 기고 있었다. 살려 주려는 내 마음을 알고 손바닥을 핥아주는 것 같았다. 잠시, 달팽이가 가장 살기 좋은 곳이 어딜까 생각했다. 그늘지고 풀이 많은 단풍나무 밑에 놓아주고 한참 들여다보니 뿔을 내민 채 기어가고 있었다. 마음이 놓였다.

저녁 9시 뉴스에, 가뭄이 들어 여러 지방에서 식수가 모자라고 농작물이

타들어 간다고 야단이다. 물뿌리개에 물을 가득 담아 들고 다시 정원으로 갔다. 달팽이를 놓아준 풀밭에 뿌려 주고 조금 남은 물은 얼마 전 화분에 심어 놓은 고추에 주었다. 집으로 오는 발걸음이 가벼웠다. 엘리베이터 거울에 비친 내 얼굴을 슬쩍 쳐다보니 밝은 모습이었다. ❋

애견 일기-출산

출산 예정일을 6-7일 앞둔 만삭의 보리(우리집 애견 몰티즈)만 집에 두고 온 가족이 서울에 다녀왔다. 저녁에 도착해서 현관문을 여니 보리는 여느 때처럼 폴짝폴짝 뛰기도 하고 빙글빙글 돌며 꼬리를 마구 흔들었다. 온종일 가족을 기다리던 시간이 너무 길었다는 듯이 끙끙 신음 소리까지 내면서 열광적으로 반가워했으나, 거실 바닥 군데군데 푸른 물이 흐른 자국이 있었다. 둘러보니 보리의 양수가 터져 온 집안이 야단이었다.

서실로 쓰는 작은 방 책상 밑에는 푸르스름한 양수가 흥건하게 괴어 있었다. 거기서 새끼를 낳으려고 했던 모양이다. 초산인데 혼자 얼마나 당황했을까 하는 애처로운 생각이 들었다. 동물병원에 전화를 하니 빨리 데리고 오라고 했다. 서둘러 가서 X선 사진을 찍어 보니, 양수는 이미 다 흘러 버렸고 세 마리 중에 한 마리가 산도(産道)를 가로막고 있었다.

원장님은 제왕 절개 수술에 들어가기 전에 "좀 더 늦었으면 어미까지 위험할 뻔했습니다. 출산 예정일보다 빨라서 새끼를 살리지 못할 수도 있습니다"라고 말했다. "최선을 다해도 안 되면 할 수 없지요. 어미라도 무사해야 될 텐데…" 하며 각서를 쓰듯 원장님과 눈빛을 교환했다. 보리를 수술실로 들여보내고, 나와 딸은 병원에서 기다리고 아내는 길가에 세워 놓은 차에서 기다렸다. 차에 가보니 아내는 염주를 굴리며 안절부절못하고 있었다.

40-50분쯤 지나자 애견 미용사가 수술실에서 새끼 두 마리를 들고 나왔다. 두 마리 모두 수놈이었다. 움직이지 않았다. 그런데 잠시 후, 털이 없고 붉은 색을 띤 10센티미터도 채 되지 않는 새끼들이 삐이 삐이 하는 작은 소리를 내며 살아 있다는 신호를 보냈다. 가슴이 쿵쾅거렸다. 나도 모르게 '아, 살아 있구나' 하고 중얼거렸다.

한참 후 보리가 마취에서 깨어나지 않은 상태로 링거를 꽂은 채 수술대에 실려 나왔다. 수술 부위를 꿰맨 자국을 훤히 드러내고 늘어져 누워 있었으나 숨은 잘 쉬고 있었다. 원장님은 "수술은 잘 되었습니다. 이놈이 죽은 채 산도를 막고 있었어요" 하며 산도를 막고 있던 죽은 새끼를 보여 주었다. 검푸른 색을 띠고 있었다.

같이 생명을 받았다가 먼저 가 버렸구나. 빛도 보지 못하고, 어미도 보지 못하고, 아름다운 세상 한 번 살아 보지도 못하고 가 버렸구나. 한 생명의 종말이 가슴에 물감처럼 슬픔을 풀었다. 그러나 순간이었다. 살아있는 새끼들의 움직임과 작은 소리가 애련의 감정을 씻어갔다.

보리가 조금씩 움직이기 시작했다. 발톱을 다듬고 수술 부위를 소독하고 마취가 깨자 집으로 돌아왔다. 그러나 젖이 돌지 않아 온 가족이 잠을 설치며 3시간마다 한 번씩 새끼들에게 동물병원에서 처방한 분유를 타서 먹였다.

제왕 절개로 낳은 새끼라서 제 새끼가 아닌 줄 알고 물어 죽이는 수도 있다고 해서 분리시켜 놓았다가, 이튿째 되는 날 한밤중에 조심스럽게 새끼를 가까이 대주었더니 경계하지 않고 핥아 주었다. 처음엔 조심스럽더니 시간이 지날수록 점점 더 열광적으로 핥았다. 그제야 집에다 함께 넣어 주었다.

제왕 절개 수술을 한 부위가 무척 아플 텐데도 그 아픔을 모두 잊은 듯했다. 그러나 젖은 돌지 않았다. 쇠고기 미역국을 끓여 먹이고 사골 국물도 주었다. 일주일 정도 지나자 젖이 돌아서 분유를 떼었다.

보리가 새끼를 돌보는 모습은 눈물겨웠다. 처음 한 열흘 동안은 잠시도 새끼 곁을 떠나지 않았다. 먹이도 새끼 바로 옆에 놓아 줘야 먹었다. 베란다에 놓아둔 패드에 용변 보러 다닐 때도 평소와 달리 뛰어다녔고, 거실에 잠깐 나왔다가도 누가 새끼 곁으로 다가가면 먼저 새끼에게 달려가곤 했다. 거실에서 잠시 쉴 때도 항상 새끼 쪽으로 머리를 두고 앉아 있었다.

새끼들은 하루가 다르게 컸다. 작은 생명의 성장을 지켜보는 것은 경이로운 일이었다. 털과 발톱이 자라고 코가 검어지고 움직임이 활발해졌다. 어미가 핥아 줘서 새끼들은 늘 윤기가 자르르했다. 새끼의 입속까지 혀를 넣어 핥아 주었다. 새끼들은 눈을 뜨지 못한 상태에서도 젖도 잘 찾아 먹고 가끔 소리도 내었다. 보리는 그 소리에 아주 민감했는데 거실에 있다가 새끼들이 소리를 내면 쏜살같이 달려가곤 했다. 젖몸울이 생겨서 고생도 했다. 뜨거운 물수건으로 서너 번씩 한 열흘 찜질을 하자 풀어졌다.

보름이 좀 지나자 두 마리 모두 눈을 떴다. 그리고 한 달이 다 되어갈 무렵 걷기 시작했는데, 앞다리부터 힘이 오르더니 4-5일 간격으로 뒷다리도 세워서 걷기 시작했다. 비틀거리다가 넘어지고, 넘어졌다가 다시 일어나 걷곤 했는데 하루가 다르게 다리에 힘이 올랐다.

그런데 새끼들이 오줌과 똥을 눈 흔적이 없었다. 새끼들이 막 걷기 시작한 어느 날 우리 가족은 보리가 새끼들의 오줌과 똥을 다 먹어 버린다는 것을 알았다. 젖을 먹이고 난 다음 등을 핥아 주면 트림을 하고, 배를 핥아 주면 오줌을 누고, 똥꼬를 핥아 자극을 주면 변을 봤는데 황금색이었고 냄새도 났다. 그런데 어미는 똥과 오줌을 한 방울도 남김없이 다 핥아먹었다.

보리에게 임신을 시킨 것은 새끼를 얻기 위한 것이 아니었다. 새끼를 낳으면 건강해진다고도 하고, 이 세상에 왔으니 한 번이라도 임신 경험을 해 보는 것도 좋을 것 같아서였다. 수컷의 선을 봐 가며 예쁜 상대를 골라 사랑을 나누도록 했는데 제왕절개 수술까지 하게 되었다. 그래도 3.5킬로그램의 작은 몸으로 새끼를 잘 키우고 있는 모습을 보면 대견하기 이를 데 없다. 아제와 아미라는 이름도 지어주었다.

* 저자 직접 촬영/아제와 아미/2005년

요 세 놈이 우리 가족에게 준 기쁨과 감동은 이루 말할 수 없다. 말을 하지 못하면서도 생명의 소중함과 생명을 사랑하는 마음이 얼마나 아름다운 것인가를 다시 일깨워 주었다. 우리 가족은 날마다 행복했고, 집안에 웃음이 떠나질 않았다.

평소에 나는 이 세상에서 가장 위대한 것이 모성애고 또, 모성애만이 모든 것을 포용할 수 있다고 생각하고 있었는데, 애견의 출산과 새끼 키우는 모습을 보면서 그 생각이 틀림없다는 것을 다시 확인하였다. 그리고 사람이든 짐승이든 모성은 마찬가지란 것도 알았다. 이 세상에 완전한 사랑이 있다면 그것은 바로 모성애가 아닐까? ✽

안개 도시

계절의 걸음이 빠르다. 내 마음은 아직 남녘의 단풍이 쓴 편지를 읽고 있는데, 문득 달력을 보니 입동이 지났다. 해마다 이 무렵이 되면 춘천은 안개 도시다. 지척을 분간할 수 없는 안개가 춘천의 아침을 휩싸고 신비스러운 광경을 연출하곤 한다. 소문난 '런던 포그'보다 춘천의 안개가 더욱 유명한 것 같다.

춘천대첩 기념 공원 옆에 차를 대고 의암호 주변 산책로를 걸었다. 안개 속에서 들국화가 수줍게 웃고 있었다. 달리기며 산책하는 사람들도 많았다. 시계(視界)가 완전히 차단되었는가 싶다가도 가까이 다가가면 아련히 보이고, 잘 보이는 듯하다가도 눈을 들어 조금만 멀리 보면 또 보이지 않는다. 혹시 이런 현상이, 안개 너머 보이지 않는 것은 마음으로 보고, 코앞의 돌부리는 눈으로 보라는 자연의 오묘한 이치가 아닌지 모르겠다.

안개는 딱딱하고 모난 현실을 부드럽게 포장해서 우리를 너그럽고 편하게 한다. 프리즘을 통과한 빛이 아름다운 색을 띠듯이, 안개를 통해서 보면 도회의 몰풍스러운 골목이나 앙상한 나무들도 아름답게 보인다. 짙은 안개 속을 걷다 보면 갑자기 보고 싶은 사람이 나타나 덥석 손을 잡고 흔들 것 같기도 하고, 안개 속을 거니는 사람들의 대화가 더욱 정겹게 들리기도 한다. 마치 꿈의 터널을 걷는 기분이다.

운동이나 산책하기 좋은 이맘때, 서로 믿는 사람끼리 안개 낀 호숫가 한

가한 길을 걸으며 정겨운 얘기를 나눠 보는 것도 좋을 것 같다. 나누는 얘기마다 정이 넘치고, 떠오르는 생각은 모두 아름다운 색으로 물들지 않을까. 아니면 혼자 느린 걸음으로 걷는 것도 좋다. 느린 걸음은 새로운 생각을 떠올리거나 헝클어진 생각을 가다듬는 데 그만이다.

  가던 길을 되돌아오면서 혹시 아까 보았던 들국화의 노란 웃음소리가 들리나 얼굴을 가까이 대어 보니, 웃음소리는 들리지 않고 귀여운 여인의 체취인 양 향기가 가슴속으로 파고든다. 들국화 향기를 좋아하는 나는 절을 하듯 몇 번이나 고개를 숙이고 향기를 맡아보았다.

아름다운 전화 통화

　서울에 출장 갔다가 혼자 차를 몰고 춘천으로 돌아오는 길이었다. 음식 메뉴 대신 연예인들의 이름을 내건 카페들이 길손을 유혹하는 미사리를 지날 무렵부터 시장기가 느껴졌으나, 편하고 기분 좋은 식사를 할 만한 곳을 찾지 못했다.
　팔당댐을 지나자 일부러 구겨 놓은 듯한 꼬불꼬불한 길이 핸들 잡은 손에 힘을 주게 했다. 어디쯤일까? 양수리에는 못 미치고 팔당은 지난 어디쯤 '칼국수'란 간판이 눈에 띄었다. 국수라면 불어터진 것까지도 잘 먹는 식성인 데다 배까지 고프던 터라 간판을 보는 순간 기분이 좋았다.
　식당에 들어설 때, 키는 좀 작은 편에 수수한 옷차림을 한 20대 초반으로 보이는 아가씨가, 미닫이 출입문을 열어 주면서 명랑한 목소리로 "어서 오세요" 하고 인사를 했다. 문을 열어 주는 것이 흔한 경험은 아니지만 그 말과 행동이 자연스러워 부담스럽지 않았다.
　식당은 초가 고옥의 뼈대는 그대로 두고 지붕과 내부만 개조한 건물이었는데, 고향집 같은 편안한 느낌이 들었다. 이미 두어 가족이 식사를 하고 있었다. 미리 내다 준 얇은 얼음 조각이 뜬 동치미도 배추겉절이도 입맛에 맞았고 칼국수도 맛있었다.
　식사를 하는 동안 그 아가씨가, 자기 가슴 높이나 되는 의자를 식당 벽에 걸려 있는 공중전화 옆에다 옮겨 놓고 걸터앉은 채 통화를 시작했다. 말이 너무 정겨워서 실례를 무릅쓰고 들어 보려 했으나 잘 들리지는 않고, '아빠, 예, 했어요, 아직요' 등등의 잘린 말들만 들렸다. 맑은 목소리에 상냥한 서울 말씨였는데 전화는 길게 이어졌다. 남을 의식하고 낮게 말하는 것도 아니고 큰 소리도 아니었다. 특별한 일이 있어서 하는 전화는 아닌 듯했고 편한 말투였다.

정겨운 대화를 반찬 삼아 식사를 하다 멈추다 하면서 그 순간을 즐기고 있었다. 그 음성은 내가 아는 어떤 소리보다 아름답게 들렸다. 새소리나 악기소리도 맑기는 하지마는 이런 감동을 주지는 못하리라. 악보도 없으면서 음악 같기도 하고, 날개가 없으면서도 날아다니는 듯한 음성. 그 순간 말에도 향기가 있는 것처럼 느껴졌다.

전화는 내가 식사를 끝내기 거의 직전까지 계속 되었고, 먼저 일어나면 방해가 될까봐 식사를 일부러 느리게 했다. 부친과 통화를 하는 것 같은데 어쩌면 저리도 정겹게 말할 수가 있을까! 그 목소리는, 거친 말과 온갖 소음에 막무가내로 노출되어 경화(硬化) 현상이 한창 진행 중인 내 청각을 촉촉하게 적셔 주었다.

식당 문을 나서면서 목소리를 직접 들어 보고 싶어 말을 걸었다. "혹시 부친하고 전화했어요?" 하고. 아가씨는 "네" 하면서 웃었다. 그 음성은 현악기의 약간 높은 음이 한 번 울리는 것 같았는데, 얼굴에 번지는 미소와 음성이 일으키는 파장이 내게 전해져서 그런지 감정의 높이가 일치되는 느낌이 들었다. 말이 하도 정겹게 들려서 물어봤다고, 죄송하다고 하자 괜찮다고 하면서 다시 웃음 띤 얼굴로 출입문을 열어 주었다. 계단을 내려선 내가 차 있는 곳으로 가다가 뒤돌아보니 문에 기대서서 나를 바라보고 있었다. 누가 먼저라고 할 것도 없이 동시에 목례를 나눴다. 차창엔 보랏빛과 분홍이 섞인 노을이 비치고 있었다.

춘천으로 오는 내내 기분이 좋았다. 허기를 면하자 몸과 마음이 느긋해지면서 옆구리를 들이받을 듯이 급하게 밀고 들어오는 차도 기분 좋게 끼워 주고, 콧노래도 나왔다. 딱딱한 일상의 틈새에서 우연하게도, 새싹처럼 고개 내민 좋은 느낌을 만난 나는 마냥 즐거웠다. 맛있는 칼국수와 부녀간의 정겨운 대화가 여정에 지친 심신을 달래주는 밤, 별들이 경춘가도를 끝까지 바래다주었다. 🌸

호반의 벤치

유난히 덥던 중복 무렵, 나는 아내와 함께 공지천 느티나무 밑에 있는 벤치에 앉아 의암호를 바라보고 있었다. 큰 느티나무들이 길게 늘어서서 녹음 터널을 만들고, 그 터널을 따라 벤치가 놓여 있다. 춘천 사람들이 즐겨 찾는 곳이다.

오늘도 사람들은 많았으나 언제나 그랬던 것처럼 평화로운 분위기였다. 호수에서 불어오는 바람결엔 풀냄새도 섞여 있었고, 호숫가에는 낚시꾼 몇 명이 비치파라솔 아래서 세월을 낚고 있었다. 눈앞에 펼쳐지는 풍경이 그림 같았다.

바로 내 앞 손이 닿을 듯한 곳에서 먹이를 찾고 있는 참새들, 목이 터지게 노래를 부르는 매미, 호수에 떠다니는 오리보트, 수면 위로 뛰어올라 은비늘을 자랑하며 정적을 깨트리는 팔뚝만한 물고기, 먹이 잡으려고 꼼짝 않고 물속을 들여다보고 선 왜가리, 멀리 떠가는 뭉게구름, 흰 포말을 일으키며 달리는 수상스키, 그리고 누우면 하늘을 가린 푸른 느티나무 잎새……. 선경이란 말은 바로 이런 곳을 두고 하는 말일 것이다.

휴가철이라 그런지 평소보다 사람들이 많았다. 말투나 외모로 보아 타지 사람들이랑 외국인도 여럿 있었다. 책을 보거나 이어폰을 귀에 꽂고 음악을 듣는 사람, 자전거를 타거나 귀에 물을 들인 강아지를 데리고 산책 나온 사람, 벤치에 누워 쉬는 사람, 자리를 펴고 차나 음식을 나눠 먹으며 얘기꽃을 피우는 사람, 휴대용 라디오를 크게 틀어 놓고 듣거나 낚시 구경을 하는 노인들, 손을 잡고 웃음 띤 얼굴로 데이트를 즐기는 연인 등등 사람은 많았으나 아무도 다른 사람을 방해하는 이는 없었다. 그 분위기가 좋아서 서로가 지켜주기로 약속이나 한 것처럼…….

우리도 녹음 터널을 오가며 산책도 하고 얘기도 나눴다. 벤치에 앉아 음악도 듣고 책도 보면서 더위를 잊고 있었다. 시간 가는 줄 몰랐다.

점심때가 이른데도 배가 고팠다. 아내랑 어디로 가서 점심을 먹을지 얘기를 하고 있는데 중국집 오토바이가 지나갔다. 우리는 집 밖에서 음식을 배달시켜 먹을 생각을 못했는데, 근처에서 근무하고 있는 수상 안전 요원들이 시켜 먹은 모양이었다. 되돌아가는 배달원에게 짬뽕과 짜장면을 시켰다.

여느 음식과 다르지 않았는데도 맛이 좋았다. 배달원이 얼마나 빨리 왔는지, 바로 내온 음식처럼 짬뽕 국물도 뜨거웠다. 면도 좋아하는 편이고 시장하기도 했지만, 호숫가 벤치에 앉아 중화요리에 뭉게구름이랑 매미 소리를 함께 비벼먹는 맛은 특별했다. 나무젓가락으로 면발을 들어 올리면 새들도 한 입 달라는 듯 더 크게 울었다. 건너편 보트장에서는 트로트를 좋아하는 내가 거기 있는 걸 알기나 한 것처럼 여러 곡을 틀어 주었다. 집에서 내려 간 원두커피도 평소보다 더 향이 좋았다.

우린 더운 줄 모르고 하루를 보냈는데, 해 질 무렵 집으로 돌아오는 길에 아파트에서 만난 이웃들은 올 들어 가장 덥다느니, 이렇게 더운 날은 처음 봤다느니 하며 혀를 찼다. 저녁 뉴스에서도 춘천이 몹시 더운 날이었다는 걸 다시 상기시켜 주었다.

호반의 도시에 살면서도 낚시나 수상스키와 같은 여가 활동을 즐기는 편이 아니라서 호수의 고마움을 별로 느끼지 못하고 살았는데, 호수가 그리는 그림만 바라봐도 좋다는 걸 알았다. 살아 있는 그림들이 가슴속으로 밀려 들어와 기분이 상쾌했다.

온종일, 욕망이나 슬픔 같은 감정의 반대편에 있는 듯한 어떤 느낌이, 가슴속에서 빵처럼 부풀어 올랐다. 아내도 그런 것 같았다. 행복이란, 세월에 묶이거나 떠내려가는 것이 아니라 세월을 잊는 것이 아닐까 하는 생각도 들었다.

오늘, 호숫가 느티나무 밑 벤치에서 아내와 함께 중화요리를 시켜먹던 사람은 나이 육십 줄의 후줄근한 남자가 아니었다. 아무것도 부러운 게 없었다. 자주 호반의 벤치에 가 봐야겠다. ✻

영화 「아마데우스」

무릇 인간이란 불완전한 존재다. 욕심이 많고 과오 또한 많이 저지른다. 그래서 후회하고 뉘우치고 용서를 구하고 신의 옷깃에 매달려 애원하기도 한다. 오욕칠정(五慾七情)의 노예가 되어 긴 세월을 허우적이며 오뇌의 어둠 속을 헤매다가, 삶의 아름답고 소중한 가치를 알 만할 때가 되면 어느덧 쇠락의 운명을 맞이하게 되는 경우가 허다하다.

이 영화는 명예욕에 사로잡힌 궁정악장 살리에리가, 자신과 비교할 수 없는 천재적인 소질을 타고난 작곡가 모차르트를 심한 질투 끝에 간접 살인하고 뉘우치는 얘기다. 그는 천재를 탄생시켰다고 믿는 신까지 저주하면서 방황하다가, 죽음이 임박한 시기에 신부에게 자신의 과거를 고백하는데, 영화는 그 고백을 따라가며 전개된다.

괴짜 기질과 음악의 천재란 양면성을 지닌 모차르트를 리얼하게 표현하면서도, 해학적인 면도 부각시켜 지루하지 않았다. 전체의 구성도 빈틈이 없고 배우들의 연기도 좋았다. 모차르트 역의 톰 헐스의 연기도 좋았지만, 살리에리 역을 맡은 머레이 에이브러험의 연기는 더욱 훌륭했다.

어떤 말로 그의 연기에 대한 찬사를 보내야 할지 알 수가 없다. 영화가 예술이지만 연기 자체도 훌륭한 예술이구나 하는 생각이 여러 번 들었다. 느린 손놀림과 눈빛, 입가에 흐르는 엷은 회환의 미소 같은 섬세한 표현들이 완벽한 메시지를 전하는 가운데, 분위기에 어긋나는 모차르트의 말과 행동이 긴장을 불러일으킨다. 화면은 현실과 과거를 쉼 없이 넘나들고, 모차르트의 음악이 장면마다 기막히게 어우러지며 관객을 몰입의 경지로 이끈다.

모차르트는 네 살부터 작곡을 시작했고 천재로 소문나기는 했지만, 그의 천재성을 가장 먼저 알아본 사람이 살리에리였다. 자신이 작곡한 곡을 황제에게 소개하고 있는데, 밖에서 들어오며 그 곡을 들은 모차르트가 이렇게 고치면 어떻겠냐며 피아노로 고쳐 칠 때, 살리에리는 속으로 그의 천재성에 감탄한다.

어린 나이에 가난하고 오만하며 음탕하기까지 한 모차르트가, 황제뿐만 아니라 음악계에서 최고로 인정을 받고 있던 자신을 압도하자 질투가 시작된다. 자신보다 뛰어나다는 인식만으로도 괴로운데, 좋아하던 여가수까지 모차르트에게 가 버리자 살리에리는 질투의 마음에 불이 붙고 만다. 질투가 증오보다 더 무섭다는 것을 증명이라도 하듯, 가난에 허덕이는 모차르트에게 돈을 미끼로 스트레스를 주어 죽음에 이르게 한다. "세상의 모든 평범한 사람들을 대표해 그를 저주했다"는 살리에리의 고백처럼 저주의 뿌리는 깊었다.

모차르트가 사망한 후 32년이란 긴 세월을 고뇌 속에서 살아온 살리에리가, 자살을 기도한 후 살아나서 신부에게 고해성사를 하는 동안 마치 내 자신이 영화 속의 주인공이 된 듯했다. 살리에리의 뼈에 사무치는 고백을 들으면서, 그 엄청난 잘못을 용서할 수 있을 것 같은 생각도 들었다. 인간이기에 인간다운 뉘우침으로 용서받을 수 있지 않을까. 용서한다고 해서

반인륜적이고 부도덕하다고 지탄받지는 않을 것 같았다. 고난의 세월이 파먹은 듯한 얼굴에 달라붙은 몇 조각의 호흡을 아끼듯, 자칫 그 순간을 놓치면 진실을 밝히지 못하고 영원히 과오를 벗지 못하는 게 아닌가 하는 그 절박한 모습에서 나는 보았다. 더럽고 악한 것이거나 아름답고 선한 것을 불문하고, 진실이란 그 자체만으로 아름답다는 것을.

잘못에 대한 반성 없이 어찌 더 좋은 미래를 기약할 수 있으며, 진선미를 꿈꿀 수 있겠는가. 많은 사람들이 과오를 범하지 않겠다는 다짐을 할 것 같다. 우리가 영화에서처럼 자신의 잘못을 진정으로 뉘우친다면, 불행의 그늘에서 벗어날 것이고 세상도 더욱 밝아질 것이다.

이 영화는 어떤 말로도 전하기 힘든, 인간사의 중요한 메시지를 완벽하게 전하고 있다. 절실한 뉘우침은 인간의 정신을 억압하는 엄청난 고뇌의 무게를 조금쯤 줄일 수도 있겠다는 생각이 들었다. 모차르트와 그 주변 인물들의 일생을 빌어, 인간의 못남을 깨우쳐 주는 감동적인 영화였다.

영화가 끝났을 때 다른 관객들과 함께 일어서서 크게 박수를 쳤었는데, 집에서 다시 보고 또 쳤다. 아마 볼 때마다 박수를 칠 것 같다. ❈

* 감독: 밀로스 포먼, 주연: 머레이 에이브러험(살리에리 역), 톰 헐스(모차르트 역)

금박댕기

 우리 전통 가요를 들으면 긴장이 풀리면서 왠지 기분이 좋아지기도 하고, 때로는 감성의 수위(水位)가 높아지며 가슴속에서 행복의 물결이 찰랑거리는 느낌도 받는다. 우리 가요를 들으면서 잘 풀리지 않는 생각의 매듭을 쉽게 풀 때도 있다.

 클래식이나 팝을 좋아하면 고상하다거나 유식하다고 하고, 우리 가요를 뽕짝이라고 비하하며 촌스럽다고 하는 사람이 더러 있다. 그러나 나는 우리 가요를 좋아한다. 가사가 우리 민족의 정서를 반영하고 있어 정감이 가고, 어릴 때부터 들어 오던 음률이라 듣기에 편하다. 트로트의 바이브레이션과 꺾어 넘어가는 그 맛을 따라올 노래가 있을까.

 TV 연속극은 거의 보지 않으면서도 20년이 넘은 장수 프로인 「가요무대」는 자주 보는 편인데, 하루는 노래 가사에 눈이 번쩍 뜨였다.

> 황혼이 짙어지면 푸른 별들은
> 희망을 쪼아보는 병아리더라
> 우물터를 싸고도는 붉은 입술에
> 송아지 우는 마을 복사꽃이냐

> 목동이 불어 주던 피리 소리는
> 청춘을 적어 보는 일기책이다
> 수양버들 휘늘어진 맑은 우물에
> 두레박 끈을 풀어 별을 건지자

 이 노래는 고려성이란 예명을 쓰던 극작가 조경환 씨가 작사하고, 박시춘 씨가 작곡한 백난아의 「금박댕기」란 노래다. 짧은 몇 줄의 글로 청춘의 꿈이 피어나는 봄날의 정경을 눈으로 보듯 표현하고 있을 뿐만 아니라, 한 시대의 풍경까지도 상상하게 한다. 한 구절 한 구절이 뛰어난 시다. 섬세하고 아름다운 느낌을 절묘하게 표현할 수 있는 우리말의 우수성에 새삼 놀랐다.
 푸른 별들은 희망을 쪼아보는 병아리이고, 목동의 피리 소리가 청춘을 적어 보는 일기책이라니! 기막힌 표현이다. 우물터를 싸고도는 붉은 입술에 송아지 우는 마을 복사꽃이냐! 처녀들의 붉은 입술이 복사꽃 같다고 생각해도 좋을 것이고, 입술에 복사꽃이 어린다고 상상해도 좋지만, 그냥 복사꽃이 아니고 송아지 우는 마을의 복사꽃이다. '송아지 우는 마을 복사꽃'이란 이 한 구절 속에는 평화롭고 정겨운 봄날의 농촌 풍경이 절묘하게 함축되어 있다.
 내 유년 시절의 고향도 그 속에 있다. 나는 이 가사를 되풀이하여 읽으면서, 상상을 불러오는 은유(隱喩)와 눈앞에 그림처럼 펼쳐지는 회화성에 감탄했다.

우물가엔 금박댕기를 땋은 처녀들이 물을 긷고 쌀과 채소를 씻으며 즐거운 얘기도 나누었을 것이고, 향기로운 웃음꽃도 피웠을 것이다. 목동은 드러내 놓고 우물 쪽을 바라보지는 못하고 피리를 불며 안 보는 척 슬쩍슬쩍 쳐다봤을 것이다.

내 누님들이 그랬듯이, 부풀어 오른 가슴이 부끄러워 치마끈으로 표시나지 않게 꽁꽁 묶은 처녀들도 피리 소리에 귀 기울이며 가슴 설레었을 것이다.

'두레박 끈을 풀어 별을 건지자'는 말은 결국, 두레박을 가슴으로 내려 사랑이나 희망을 건지자는 의미로도 읽힌다. 길게 땋은 머리에 금박댕기를 나풀거리며 물동이를 이고 가는 처녀의 다소곳한 뒷모습도 어른거린다.

이런 가사의 노래가 저마다 특색 있는 가수들의 목소리에 실려 내 청각을 물들이면, 나는 곧잘 따라 부르거나 무릎장단을 치곤한다. 뛰어난 가사에 좋은 곡이 더해지고, 거기에 아름다운 목소리까지 어우러진 우리의 전통 가요가 나를 행복하게 한다. ❀

매향의 속삭임

　나는 황차를 좋아한다. 녹차보다 카페인 함량이 적고 맛도 부드럽다. 커피도 천천히 마시고 있으면 마음이 편안해지지만, 전통차를 마실 때면 더욱 느긋해진다. 특히, 추운 겨울에 차를 마시면 몸이 따뜻해질 뿐만 아니라 왠지 여유를 누리고 있다는 생각도 든다. 차 특유의 맛과 향에 잔잔한 음악까지 더해지면, 시간도 머뭇거리며 더디게 흐르는 것 같고 대화도 덩달아 훈훈해진다. 그래서 집사람과 자주 차를 마시는 편이다.
　눈 내리는 날이었다. 차를 내던 아내가 냉동실에서 작은 병 하나를 꺼내왔다. 그 속엔 매화꽃 봉오리 몇 개가 들어있었다. 황차를 따른 잔에다 작은 꽃봉오리 하나를 띄우자 찻잔 속에서 꽃이 피었다. 찻물 위에 떠서 꽃술을 드러내며 피어나는 그 모습이 마치 소녀의 웃음 같았다. 차를 마시려고 입을 찻잔에 대는 순간 매화 향기가 코를 스쳤다. 눈을 지그시 감고 다시 찻잔을 기울이자 입술과 혀를 적신 찻물이 목을 타고 내려가면서 온 몸에 향기를 퍼뜨렸다.
　매화를 좋아하는 나는 해마다 남녘의 매화 축제에 가곤 하는데, 이 엄동에 집에 앉아 매화 향기를 접하다니! 춤을 추듯 내려오는 눈송이처럼 내 마음도 즐거웠다. 이런 차가 있다는 말을 들은 적은 있으나 매화차를 직접 마셔본 것은 처음이다. 나는 여러 번 찻물의 온기를 느끼며 매향의 속삭임을 들었다.

눈발이 굵어졌다. 설경 탓인지 베란다의 고무나무가 더욱 푸르게 보였다. 이 무렵 내가 장기간 입원했던 병원 복도에도 잎이 싱싱하고 반질반질한 고무나무가 있었다. 매일 복도를 걸으며 인사도 했다. 아무도 살 수 있다는 위로의 말을 해 주는 이가 없던 그 힘들었던 순간들이 스쳐지나갔다.

아내가 오랫동안 이 매화 향기를 숨겨 놓았다가, 큰 병을 앓고 살아난 나에게 선물하려고 꺼내 놓은 것 같은 생각이 들었다. 말로 표현하지 않았는데도 나의 좋은 느낌이 전해졌는지 아내의 얼굴에도 미소가 번졌다.

누르려고 애를 써도, 좁은 병실에서 병명도 찾지 못한 채 살 수 없을지도 모른다는 생각을 하며 투병하던 때가 자꾸 떠오르며 눈시울이 뜨거웠다. 한겨울 매화향기 가득한 마음의 틈새에도 눈물이 숨어 있었다. 젖은 눈을 보이지 않으려고 베란다에 나가 고무나무 잎도 만져 보고 겨울을 나고 있는 화초들에게 위로의 말도 해 주었다. 폭설은 계속 내리고 종종걸음을 걷는 사람들은 모두 하얀 우산을 쓰고 있었다. 화초들과 설경이 눈가의 물기를 말려 주었다.

거실로 들어와서 찻잔을 드니 또 향기가 났다. 강아지는 꼬리를 흔들며 재롱을 부리고, 아내의 찻물 따르는 소리가 정겹다. 바깥은 어느새 백설의 천지다. 매향이 또 속삭였다. 살아있는 것이 행복이라고. 엄동의 하루 종일 매화 향기가 내 곁을 감돌았다. ✺

논어

　인간으로 태어난 이상 한 번 정도는 꼭 읽어 봐야 할 가치가 있는 고전이 여러 권 있는데, 『논어(論語)』도 그중 하나라고 생각한다. 2천 년 넘게 꾸준히 읽히고 있는 것을 보면 값진 책임이 분명하다. 시대 상황이 지금과 많이 다르기는 하나, 이 책은 사람의 도리에 대해 깊고 명쾌하게 가르쳐 준다.
　고전이 케케묵었다고 물리치는 사람도, 온고지신(溫故知新)의 자세가 분명한 사람도, 인륜의 바탕 위에 서 있기는 마찬가지이니 읽고 나면 잘 했다는 생각이 들 것이다. 인의예지신(仁義禮智信, 사람이 지켜야 할 다섯 가지 도리)이란 무엇이며 명예와 부(富)는 어떤 것이어야 하는지, 또 부모와 나라를 생각하는 마음은 어떠해야 하는지를 명확하게 가르쳐 준다. 그뿐만 아니라 인간다운 향기가 나는 삶이 가장 아름다운 삶이란 것도 알게 될 것이고, 인간 존재에 대한 자긍심도 가질 수 있을 것이다.
　급속한 과학 문명의 발전이 더 좋은 세상을 만들고, 지금과는 많이 다른 새로운 사고의 신세대들이 세상을 이끌고 갈 먼 훗날에도, 인간의 피 속에 영원히 흘러야 될 인륜의 근본이 거기 적혀 있으니 책장이 넘어갈 때마다 감탄할 수도 있으리라.
　예가 아니면 보지 말고 예가 아니면 듣지 말라. 예가 아니면 말하지 말고 예가 아니면 행동하지 말라(非禮勿視 非禮勿聽 非禮勿言 非禮勿動). 이 책에 나오는 사물(四勿)이란 유명한 말이다. 어릴 때, 한학을 배우신 아버지로부터 이 말을 자주 들으며 자랐지만 어디에 있는 말인지도 모르고 지내다가, 철들어 『논어』에서 이 명언을 발견하고 가슴이 뛰었다. 여러 번 읽었지만 그때마다 감동했다.

『논어』는 세월에 묻히거나 빛 바래는 책이 아니고, 인류가 지키고 계승해 가야할 덕목들이 기록된 보물이다. 내가 아름다운 삶을 산다면 『논어』의 영향도 클 것이다. 🌸

아름다운 초대

공무원 시절 함께 근무했던 후배 몇몇이랑 저녁식사를 했다. 후배 B는 나를 위해 일부러 저녁식사 자리를 마련했고, 일곱 사람이 그간의 안부랑 각자 살아온 얘기들을 나누며 즐거웠다. 웃음소리도 컸다. 연령층이 서로 다른데도 유쾌한 얘기는 길게 이어졌다. 식사를 마치고 생맥줏집으로 장소를 옮겨 가며 대화를 나누었는데, 알맞은 취기가 분위기를 더욱 즐겁게 했다.

내가 퇴직한 지 2년이 넘었고, 현직에 있을 때 책 몇 권 주고받은 것 외에 특별히 도와준 것도 없는데 나를 잊지 않고 있었다. B는 내게 전화를 해서 이런저런 사람들과 같이 갈 예정인데, 혹시 선배님이 보고 싶은 사람이 있으면 같이 데리고 나가겠다고 했다. 같이 오겠다고 한 사람들 모두 내가 보고 싶은 사람들인데도 더 만나고 싶은 사람이 있느냐고 내 의견을 물었다. 그 말을 듣는 순간 감동의 물결이 나를 흔들었다. 만남의 자리를 마련해 준 것만으로도 반가운 일인데 나를 배려해 주는 그 마음이 너무 고마웠다.

나도 이제껏 살아오면서 식사랑 술자리를 마련하곤 했었지만 후배처럼 초대한 사람을 배려한 적은 없었다. 후배 말대로 보고 싶은 사람이 있다면 숟가락 하나 더 놓으면 될 일인데 왜 그런 생각을 못했을까. 나를 깨우쳐 준 후배가 고맙기도 했고, 나의 때늦은 깨달음이 부끄럽기도 했다.

밤 깊은 시간, 2차까지 끝나고 콧노래를 부르며 집으로 돌아오는데 상가의 네온도 잠들지 않고 있었다. 인연의 끈을 타고 흐르는 정이 뜨거워서 그럴까. 배려의 마음이 추위를 녹인 걸까. 대설 무렵의 날씨도 포근했다. ✻

2. 까치 소리

하귤소스

제주 여행 중에 펜션과 감나무 과수원을 하는 친구에게 들렀다. 제주에 갈 때마다 친구 펜션에서 자는 때가 많지만, 다른 곳에서 잘 때도 얼굴은 꼭 보고 오는 친한 친구다. 나는 정을 되로 주고, 친구는 늘 내게 말로 준다.

9월 초순인데도 제주 날씨는 더웠다. 친구네 펜션에서 묵으면서 많은 얘기도 나누고, 두 집 부부랑 아내의 친구도 함께 가서 삼겹살을 구워 먹었다. 친구는 숯불을 피우고 고기를 굽느라고 땀을 흘리면서도 흐뭇한 모습이었고, 가족들은 그간에 밀린 얘기들을 나누며 즐겁게 떠들고 있었다. 친구는 땀을 훔치면서 고기 굽는 틀의 뚜껑을 덮었다 열었다 하며, 삼겹살의 기름이 빠지고 알맞게 익도록 세심한 주의를 기울이고 있었다.

정성을 다하고 있는 그 모습을 보면서, 내게 이런 친구가 있다는 것이 자랑스러웠다. 정원에서 따다 준비해 놓은 로즈마리 잎을 고기 위에 올리고 뒤집고 하는 사이에 삼겹살은 노릇노릇하게 익었다. 허브 향과 고기 익는 냄새가 우리 주위를 맴돌았다. 입에 침이 고였다.

고기가 다 익어가자 친구는 하귤을 한 개 가지고 왔다. 나도 제주에 살 때 하귤을 여러 번 먹어 보았지만, 단맛보다 신맛이 강한 것이 맛있는 과일은 아니었다. 친구는 하귤의 두꺼운 껍질을 벗기더니 간장 종지에다 즙을 짜서 섞었다. 그리고는 그 특유의 환한 웃음 띤 얼굴로, 이것이 하귤소스인데 여기다 찍어서 먹어보라고 했다.

허브향이 밴 삼겹살을 하귤소스에 찍어서 입에 넣는 순간, 지금까지 느껴보지 못한 맛과 향이 입안에 가득했다. 하귤의 즙을 섞은 간장은, 특유의 향과 단맛과 신맛이 어우러진 멋진 소스였다. 하귤즙이 설탕과 식초, 그리고 향료의 세 가지 역할을 하고 있었다. 인공 감미료를 한 방울도 쓰지 않았는데 이런 감칠맛이 나다니 놀라울 따름이다. 내가 먹어본 삼겹살 중에 가장 맛이 좋았다.

우정이 스며든 삼겹살을 하귤소스에 찍어 먹으며 시간 가는 줄 몰랐다. 즐거운 대화는 밤하늘로 번져가고, 정원의 부용도 환하게 웃고 있었다. 풀벌레들도 노래를 불렀다. 제주 시내에 있는 집으로 돌아가는 친구를 배웅하고 돌아서며 하늘을 쳐다보니, 마치 우정의 밤을 축하나 하듯 별빛이 무더기로 쏟아져 내리고 있었다. ✺

까치 소리

 겨우내 직장 생활의 쳇바퀴를 돌리고 있던 나는 봄이 되자 자연의 숨결이 그리웠다. 일요일 아침 의암호로 나갔다. 그림처럼 펼쳐진 풍경 속 키 큰 포플러 가지에 까치 두 마리가 집을 짓고 있었다. 호숫가에 차를 세우고 그 모습을 바라보고 있노라니 어릴 적 추억이 엊그제 일처럼 생생하게 떠올랐다.

 봄이 되면 나의 고향은 동요의 가사 그대로 꽃 대궐이었다. 가난한 농촌이었지만 꽃들은 화사했다. 꽃을 좋아하시던 아버지는 집과 농토 주변에 온갖 꽃과 유실수를 심으셨는데, 온 동네가 꽃 천지였지만 우리 집 주변엔 꽃이 더욱 많았다. 집 뒤의 살구나무며 뒤뜰 장독대 옆 앵두나무와 배나무, 그리고 집 앞 논둑에 나란히 심어 놓은 나보다 더 나이가 많던 세 그루의 복숭아나무까지 앞 다투어 꽃을 피워 댔다. 새들의 노래 소리도 더욱 커졌고, 온 산천에 연초록 물이 들었다.
 까치들은 높고 전망 좋은 나뭇가지에다 집을 지었다. 꼭 두 마리가 다정하게 짝을 지어 함께 집을 짓고 새끼를 쳤다. 까치 새끼를 내려다 키워 보기도 했지만, 정성을 다했는데도 얼마 크지 못하고 죽었다. 우리는 모양과 맛이 메추리알과 흡사한 까치 알을 내려다 삶아 먹었다. 지금 생각하면 잔인한 일이지만, 올라갈 수 있는 곳은 죄다 올라가 까치집을 털었다.

어른들은 까치 알을 내리지 못하게 했다. 특히, 어머니는 반대가 심했는데, 아침에 까치가 와서 울면 좋은 소식이 온다고 하고, 맨날 우리 집 앞 대추나무에 와서 울어 주는데 왜 알을 내려다 먹느냐며 꾸중하시곤 했다. 그 꾸중 속에는 6남매 중에 가장 별난 내가 위험한 나무 타기를 하지 않았으면 하는 바람도 있는 것 같았다. 그리고 가을에는 감나무에도 두세 개의 감을 까치밥으로 남겨 두라고 했는데 해마다 까치들이 와서 홍시를 파먹곤 했다.

우리는 까치집을 터는 일이 재미있었다. 은근히 친구들에게 무서움 타지 않고 높은 나무에 잘 오른다는 것을 자랑하고 싶은 마음도 있었고, 어른들 몰래 까치 알을 삶아먹는 재미도 쏠쏠했다. 별다른 놀이가 없던 우리에게는 봄이 오면, 온 산천으로 돌아다니며 입술이 파래지도록 진달래꽃이나 오디를 따먹고 까치 알을 내려다 먹는 일이 즐거운 놀이였다. 그중에서도 까치집을 터는 일은 친구 여럿이 몰려다니며 함께 하곤 했었는데 가슴 두근거리도록 재미난 일이었다.

초등학교 5학년 아니면 6학년이었을 것이다. 우리는 자연스레 동네 근처 어디에 까치들이 집을 짓는지 눈여겨보며 다녔고, 언제쯤 집을 다 짓고 알을 낳을 것인지에 대해서도 늘 관심을 가지고 있었다. 어떤 친구들은 집이 완성되기 전에 올라가서 건드리면 까치가 집을 짓지 않고 다른 곳으로 가 버린다고도 했다. 그래서 우리는 늘 알 낳을 때를 손꼽아 기다리며 알이 가장 많은 때를 맞추려고 애를 썼다. 소나무는 포플러나 아카시아보다 껍질이 거칠어 오르기가 좋았는데, 그해는 마을 뒤에 있는 우리 산의 소나무에 까치가 둥지를 틀고 있었다.

집을 완성하고 알 낳을 때를 기다렸다. 기다리던 어느 날 때가 되었다고 판단한 우리는 하굣길에 친구들 여럿이 소나무 위의 까치집을 털기로 하고 산으로 갔다. 우리 산에 지은 까치집이니까 은연중에 내가 알을 내리는 것으로 되었다. 내가 알을 몇 개 낳았는지 확인하려고 까치집 밑에까지 올라갔으나 발을 디딘 가지에서 너무 높은 곳에 까치집이 있어 손이 쉽게 닿지 않았다.

까치는 다급한 목소리로 울어 대고 있었다. 까치집 위를 이리저리 날면서 내 머리를 쫄 듯한 자세를 취하기도 했다. 제발 알을 가져가지 말라고 애원하는 것 같기도 하고 협박하는 것 같기도 했다. 그러나 우리는 그 애타는 울음을 무시했다.

까치집 입구에 손을 넣고 최대한 길게 팔을 뻗어 더듬어 보았다. 이럴 때 잘 못하면 알이 깨지는 수가 있으므로 조심조심 더듬어야 된다는 것을 잘 알고 있었다. 알은 두 개뿐이었다. 우리의 경험에 의하면 까치는 5-6개 정도의 알을 낳곤 했다. "두 개뿌이다(뿐이다). 다음에 내리자"고 말하고 나무에서 내려왔다. 그리고 매일 들러 알이 몇 개나 불어났는지 확인하기로 했다.

그 다음날 우리들은 왕복 4킬로미터나 되는 등하굣길을 오가며 온통 까치 알 얘기만 했다. 오늘 가면 몇 개 낳았을까 하며 맞추기 내기도 했다. 그날은 공부 시간이 왜 그리 긴지 알 수 없었다. 수업이 끝나자마자 친구들이랑 동생들이랑 같이 까치집 있는 곳으로 뛰었다. 그날도 내가 까치집에 올라갔다. 밑에서 쳐다보면 까치집 속은 보이지 않았다. 위쪽에서 보면

성긴 나뭇가지 사이로 알이 몇 개인지 보이기도 하겠지만, 풀잎 같은 부드러운 것을 잔뜩 깔아 놓아 밑에서는 보이지 않았다.

전날처럼 힘들게 까치집 입구로 손을 뻗어 알을 만져 보았다. 말랑말랑했다. 벌써 새끼를 깐 모양이었다. 아직 새끼를 깔 때는 멀었는데 하고 생각하며 다시 살며시 더듬어 보았다. 역시 말랑말랑한 새끼였다. "에이! 하머(벌써) 새끼 까 뿌랬데이(까 버렸다)." 실망감에 한 마디 내뱉고 내려왔다. 그런데 친구들은 믿지 않는 눈치였다. "어제 두 개였는데 그렇게 빨리 새끼 깔 일이 있나?" 하고 중얼거리는 친구도 있었다.

같은 학년 친구 중에는 나보다 두세 살 위인 친구들도 있었는데 그중 한 친구가 다시 까치집에 올라갔다. 손을 넣어 더듬어 보고는 "맞데이. 새끼다!" 하고 풀죽은 목소리로 말했다. 그 친구는 "우리 나중에 새끼가 좀 더 크머(크면) 내려다 한 마리씩 키우자"고 제안했고, 우리 모두 그 의견에 동의했다.

그리고 몇 마리인지 확인하겠다며 나뭇가지에 대롱대롱 매달리다시피 하고는 까치집을 들여다보더니 갑자기 굴러 떨어지듯 나무에서 내려오는 것이었다. "뱀이다!"라는 겁에 질린 말과 너무 다급한 행동에 나무 밑에 있던 우리도 기겁을 했다. "억수로 크다! 따뱅이맨치로(똬리처럼) 오므리고 있다"는 말을 듣는 순간 소름이 오싹 돋았다. 내가 두 번이나 손으로 더듬었는데……. 그 높은 나무에 손발 없는 뱀이 올라갔다는 것도 믿기지 않았고, 왜 나랑 친구의 손을 물지 않았는지도 알 수가 없었다.

우리는 집으로 돌아오면서 원통해했다. 재미있는 놀이를 망쳐 놓은 그

뱀에 대한 복수심으로 불타올랐다. 결국, 감 딸 때 쓰는 우리 집의 긴 대나무 장대를 가지고 가서 그 뱀을 죽이기로 합의했다. 그 얘기를 들은 엄마는 "야들아! 뱀한테 물리면 큰일난데이, 나무 위에 있는 뱀은 날기도 한다 카든데" 하며 뱀이 난다는 거짓말까지 보태서 우리의 계획을 포기하도록 겁을 주었다.

포기한 것처럼 집 근처에서 어슬렁거리며 눈치를 살피다가 엄마 몰래 대나무 장대를 들고 집 뒤로 뛰었다. 까치집에 도착한 우리는 기막힌 광경을 보았다. 회색에 검은 무늬가 선명한 큰 구렁이가 혀를 날름거리며 칡넝쿨처럼 소나무를 감고 서서히 내려오고 있었다. 우리는 아무 말도 못했다. 우리가 봤던 그 어떤 뱀보다 컸다. 하얀 뱀 알을 주워 호주머니에 넣고 다니며 새알이라고 어린 동생들을 놀려 주던 우리였지만 감히 뱀을 공격하지 못했다. 뱀의 배는 불룩불룩 마디가 생겨 있었다. 후에 아버지 말씀을 듣고 나서야 알았지만 뱀은 알을 씹지 않고 삼킨다고 했다. 꿩알이나 계란처럼 큰 알을 삼키는 놈도 있다고 했다.

우린 말없이 서로를 쳐다보다 뱀을 쳐다보다 하면서 눈길만 바쁘게 교환하고 있었다. 그때 아까 까치집을 들여다보고 뱀을 처음 확인했던 친구가 대나무 장대로 뱀을 후려쳤다. 소나무 중간쯤에서 장대에 얻어맞은 뱀은 나무 밑으로 뚝 떨어지더니 황급히 풀숲 속으로 도망가 버렸다.

우리는 풀죽은 모습으로 돌아와 꺾어진 대나무 장대를 집 뒤뜰에 몰래 세워 놓고 말없이 헤어졌다. 그때 산 쪽에서 까악까악 하고 우는 까치 소리가 유난히 섧게 들렸다. 그 다음부터 우리는 까치 알을 내려다 먹지 않았다.

의암호 주변은 평화로웠다. 대지는 막 두꺼운 겨울 외투를 벗고 연초록 무늬의 새 옷을 갈아입는 중이었다. 이슬은 맑은 눈망울을 반짝이고, 자잘한 꽃들은 티 없이 웃고 있었다. 입으로 나뭇가지를 물어다 정성스레 보금자리를 틀고 있는 까치 부부의 날갯짓은 힘찼다. 알을 낳고 새끼를 치려는 꿈이 있기 때문일 것이다. 재물을 훔치는 것보다 꿈을 훔치는 것이 훨씬 더 나쁜 일인데도, 우리는 그 소중한 꿈을 훔쳐다 먹었다.

 까치들은 집을 짓다 말고 가끔 내가 있는 쪽을 쳐다보았다. 경계하는 듯했다. 마치 먼 옛날 까치들의 꿈을 훔쳐 먹던 나의 과거를 알기나 하듯, 까악까악 서로 신호를 보내고 있었다. ※

* 김유정기념사업회와 강원일보가 주최한 제10회 전국문예작품공모전, 일반부 장려상

추억의 보따리

　춘천이 분지라서 이런가. 호반에서 불어오던 시원한 바람은 어디로 갔는가. 바람 한 점 없고 폭염은 아침나절부터 도시를 태울 기세다. 아파트 단지의 손바닥만 한 그늘에 무릎을 붙이고 정겹게 앉은 할머니들이, 덥다덥다 해도 이렇게 더운 날은 처음 보겠다며 더운 바람만 나오는 부채를 연신 흔들며 땀을 훔치고 있다.
　지금까지는 매미 소리가 시원하다고 생각했었는데, 오늘은 왠지 멀리서 들리는 매미 소리마저 갑갑하게 느껴진다. 포플라 잎사귀도 복더위에 기절하고 말았는지 꼼짝하지 않고 있다. 피부에 와 닿는 선풍기 바람도 입김처럼 뜨뜻하다.
　아직 이사를 하지 못해서 가족은 제주에 있고 집안에 대화 나눌 상대 한 사람 없다. TV는 더욱 짜증스럽고 독서도 마음뿐이다. 글자 하나하나가 뜨거운 철판 위의 콩처럼 이리저리 마구 튄다. 머릿속으로 들어올 리 만무하다.
　이토록 무더운 날씨를 잊을 수 있는 무슨 일이 없을까. 이런저런 궁리를 하다가 떠오른 것이 드라이브였다. 산과 물이 좋은 이 고장의 여름날을 왜 방 안에서 보낸단 말인가. 생각의 물꼬가 트이는 순간 이미 더위는 떠나고 없었다. 아마 그때 교외로 나갈 생각을 떠올리고 나서 빙그레 웃었던 것 같다.

사진 촬영 장비와, 군복무 시절 이후 늘 마음 한쪽에 품고 다니던 추억의 보따리를 챙겨 길을 나섰다. 점점 부풀어 오르는 보따리를 눌러 잠재우며, 내 일생의 한창 푸르렀던 시절에 군대 생활하던 철원으로 향했다. 힘들던 병영 생활의 추억은 희미해졌으나, 외출·외박 나가 즐겁던 동송읍과 한탄강에 얽힌 추억은 세월이 흘러도 잊히지 않았다. 어쩌면 병영 생활이 힘들었던 만큼 병영 밖의 추억이 더 생생하게 남아 있는지도 모르겠다.

북녘 땅에서 발원하여 직탕과 고석정을 감돌아 흐르던 한탄강의 맑은 물은 까까머리 졸병들의 애환을 씻어 주었다. 커피 향기와 레지들의 애교가 정겹던 다방이며 짬밥만으로 채워지지 않던 허전한 뱃속을 달래주던 자장면이 맛있던 중화요리집, 기합으로 멍든 엉덩이를 담그던 허름한 목욕탕이 있던 동송읍은 외출·외박 때마다 들르던 사병들의 낙원 같은 곳이었다. 그곳에는 병영 안에서 잊고 살던 여유와 웃음이 되살아나고, 뜨거운 피에 술기운까지 더해져서 즐겁고 재미난 일들이 끊이지 않았다.

여름에 포경 수술한 친구가 수술 부위가 덧났다고 항의하는 말에, 어쩌면 더 잘된 일인지도 모른다고 하던 늙은 의사의 퉁명스러운 대답과 어두침침한 의원의 소독약 냄새가 우릴 서글프게 하던 곳도, 포천·연천을 거쳐 더 갈 수 없는 곳까지 밀려온 창녀들이 흘리고 다니던 웃음과, 그 웃음 때문에 더 외롭던 청춘들의 때 묻지 않은 순정이 나부끼던 곳도 동송읍이다.

고무신 돌려 신은 애인 생각 지우려고 술독으로 기어들어 가던 고참 병장의 눈물, 장병들이 용돈 보내달라고 몰래 쓴 편지를 부치던 우체통이 쪼그리고 앉아 있던 지린내 나는 골목, 이 모든 것들이 그리움이 되어 한꺼번에 뇌리 속으로 달려들어 왔다. 추억의 홍수 속에 막무가내로 떠내려가는 나를, 아스팔트길과 가로수가 바로잡아 주곤 했다. 먼 거리였으나 추억으로 가는 길은 지루하지 않았다.

처음 한탄강을 보고 그 특이한 모습에 반했다. 세월에 닳아 둥글게 패이거나 부드러운 곡선을 이룬 바위들도 아름답고, 강둑 없이 푹 꺼진 형태로 구불구불 평야를 휘돌아 흐르는 강의 형태도 다른 강과 달랐다. 수량이 많은 여름 높은 곳에 올라가서 보면 흡사, 상감 기법으로 도자기를 만들 때처럼 평야에 꼬불꼬불 음각을 하고 거기에 푸른 물을 채워 놓은 듯한 모습일 것이다. 서양 지질학자들이 한탄강을 둘러보고 보기 드문 지형이라고 감탄했다던가. 원형 그대로 잘 보존했으면 좋겠다는 생각을 했다.

그러나 한탄강은 인간의 손때가 많이 묻어 있었다. 고석정 일대는 번화한 관광지로 변해 있었고, 전설로만 듣던 임꺽정도 동상으로 다시 태어나 팔을 걷어붙인 채 힘을 과시하고 있었다. 음식점과 기념품 판매점이 넘치고 관광객 또한 많았다. 고석정으로 내려가니 수영 금지, 무슨 금지하는 붉은 글씨가 사진을 방해하고, 강물 위엔 모터보트가 매캐한 배기가스를 내뿜으며 앵앵거리고 다녔다. 30여 년 전 그때와는 완전 딴판이었다.

직탕도 마찬가지였다. 동료들과 멱을 감고 물장난을 치며 놀던 그곳엔 강변 바로 옆까지 음식점과 가게들이 들어섰고, 아래쪽에 새로 놓은 다리도 낯설었다. 동송읍도 너무 변하여 알아볼 수가 없었다. 추억이 서린 다방도 중화요리집도 찾을 수가 없었다. 옛 모습은 간 데 없고, 작은 도시 하나가 평야의 한쪽 귀퉁이를 깔고 앉아 있었다.

승일교도 바로 옆에 건설된 한탄대교의 위용에 눌려 초라해 보였다. 승일교에 관한 전설도 떠올랐다. 내가 군복무를 하던 당시에는 6.25 전 북한에서 공사를 시작해서 전쟁 후 한국에서 완공한 다리라고 해서 이승만의 승(承)자와 김일성의 일(日)자를 따서 승일교라 지었다는 설이 유력했는데, 6.25 때 북진하다 전사한 박승일 대령의 이름을 따서 지었다는 얘기도 전해지고 있다.

유래야 어떻든 안타까운 남북 관계처럼 차량 통행이 금지된 승일교는 세월의 검버섯이 피어 있었다. 한국의 콰이강의 다리로 불리기도 하고, 아치가 아름답기로 소문난 다리지만 주변 환경이 변해서 느낌이 예전과는 판이했다. 강변으로 내려가서 아치형 곡선의 교각 사이로 풍경을 바라보았다. 하늘이 잔뜩 흐려 있었다.

기분이 왜 이럴까. 춘천에서 출발하던 때의 즐겁던 그 마음은 어디로 가 버렸나? 늘 그리워하던 친구, 오래 전에 헤어진 순수하던 친구가 어느 날 세월에 닳은 모습으로 눈앞에 나타났을 때, 그때의 기분이 이럴까. 아니면 즐거운 순간에 만나고 싶지 않은 사람을 만났을 때의 기분이 이럴까.

오랫동안 그리워하던 추억 속의 모습은 찾을 수 없었다. 아마도 이런 기분은, 옛 모습을 그대로 간직하고 있었으면 하는 나의 욕심 때문인지도 모른다. 이 세상 그 어떤 것도 불변하는 것은 없는데 말이다.

부대 밖으로 나와 엄격한 병영 생활의 고달픔을 잊고 즐거운 시간을 보내던 그 시절의 추억 속에 묻혀서, 행복한 순간을 맞으려고 애를 써도 추억은 자꾸 달아나기만 했다. 한탄강은 변함없이 흐르건만, 인간이 벌여 놓은 일들에 발이 걸린 내 추억은 절룩거렸다.

　허전한 심사를 달래며 돌아오는 길은 멀고, 팽팽하던 추억의 보따리도 바람이 빠져 쭈글쭈글했다. 아름다운 추억은 그대로 가슴속에 묻어두고 즐기는 것이 더 좋을 것 같은 생각도 들었다. 돌아오니 춘천은 이미 어둠의 베개를 높이 베고 잠을 청하고 있었다. ❃

별이 된 그대에게

　우아한 미소로 한 며칠 정원을 환하게 밝히던 키 큰 목련이 시들지도 않은 꽃잎을 뚝뚝 떨어뜨리고 섰네. 이태 전 이맘땐 그대와 함께 느티나무 밑 벤치에 앉아 이런 저런 삶의 얘기들을 나누다가 목련이 너무 빨리 져 버린다며 아쉬워하기도 했었지. 그때가 엊그제 같은데 이미 그대는 가고 없네.
　봄은 다시 와서 대지는 새 생명들의 황홀한 숨결로 가득한데, 지난해 겨울 너무 젊은 나이에 저 세상으로 가버린 그대 생각에 가슴이 저리네. 부드러우면서도 당당하던 그 풍모와, 진실성과 인간미가 교직된 아름다운 마음의 무늬를 가졌던 그대. 그대는 분명 영롱한 별이 되었을 거야.
　그대가 간 그 길이 천지간에 목 놓아 불러본들 어디 다시 돌아올 수 있는 길이던가. 사랑하는 두 아들과 아내와 어머니, 그대의 행복을 빌던 친척과 친구들을 다 두고 왜 그리도 서둘러 갔는가. 홀로 계신 어머니께 매일 전화하던 모습이 지금도 선하네. 훌륭한 남편이고 아빠였던 그대가 떠난 후 가족들의 슬픔이 얼마나 컸으며, 절망의 하늘이 얼마나 캄캄했는지 그대는 아는가. 직장의 동료였던 나도 그대와 함께 했던 추억들이 자꾸 어른거려 눈앞이 흐려지곤 하는데 가족들은 어떻겠는가.
　지난해 초가을 큰아들 빈이랑 셋에서 공기 좋은 상걸리 임도(林道)를 산책하며 환하게 웃던 그 모습이 아직도 선하고, 술이 약해 우리 스스로 비주류라 부르면서 술 몇 잔에 붉어진 얼굴을 서로 쳐다보며 웃던 생각도 나네. 그대는 늘 차 한 잔 사달라고 하면서도 나보다 먼저 휴게실에 도착해서 커피 두 잔을 뽑아 놓고 기다리곤 했었지. 지금도 가끔 그 시간이 되면 "선배님 차 한 잔 사 주세요" 하는 전화가 올 것 같은 생각이 들어 하늘을 바라보곤 하네.

업무 능력도 뛰어났지만 노래방이나 당구장, 그리고 사무실이든 언제 어디서든 신사였던 그대. 말과 행동의 바닥에 늘 남에 대한 배려가 따뜻하게 깔려 있던 그대는, 골프와 당구를 잘 치면서도 단 한 마디도 자랑하지 않았었지. 자주 만나 즐거운 시간을 보내던 사람들이 미국 유학 가서 영어 공부하고 왔다고 박사라고 부르던 그대. 나는 그대가 높은 직위까지 올라 훌륭한 업적을 남길 것이라고 믿었었고, 주변 사람들을 행복하게 해 줄 능력이 있는 사람이라 확신했었네. 그래서 더욱 안타까운 마음 금할 길 없네.

그대 떠난 후, 영면을 기원하는 글을 쓰고 싶었으나 눈물이 나서 엄두를 못 내고 있었는데, 오늘 목련이 또 내 마음을 헤집어 그대 떠난 슬픔에 가슴 젖고 말았네. 그러나 살아 있는 사람들의 망각이란 순간이어서 그대 잃은 설움도 엷어졌는가 보네. 가슴이 무너질 것 같아 화장장에도 못 간 내가 다시 그대 생각을 하면서 글을 쓰고 있으니 말일세. 이제 그대 산소에도 갈 수 있을 것 같네. 그대 무덤 위의 잔디가 파랗게 자라거든 철없는 두 아들도 잘 크고 있는 줄 알게. 그리고 그대 잃은 슬픔에 젖은 모든 이들이 다 평안한 줄 알게.

별이 된 그대여!

살아있는 자들의 눈물이 강을 이룬다 해도 그대를 위로할 수 없다는 걸 알고 있네. 그대를 사랑하고 아끼던 모든 사람들이 눈물을 거두고, 저마다 행복을 향해 다가간다면 그대도 기뻐하리라 믿네. 그대도 하늘나라에서 우리의 행복을 빌어 주게.

 그리고 그대가 죽음으로 가르쳐 준 인생의 무상함은 뼈에 새겨 삶의 지혜로 삼겠네. 어차피 모든 생명은 죽음을 향해 난 섭리의 길을 따라 갈 수밖에 없고, 그 거리 또한 알 수 없는 것이니 늘 즐겁게 살도록, 아름답게 살도록 노력하겠네.

 야속한 사람아, 부디 영면하게. ❀

* 이 졸문을 2004년 12월 40세를 일기로 유명을 달리한 나의 직장 후배 故 김문식 님 영전에 바칩니다.

배꼽 때

우리 산이 있던 한작골은 녹색 천지였다. 뻐꾸기가 울 때마다 연녹색 잎새들이 한들거렸다. 초등학교에 입학하기 전 한두 해 동안 나는 아버지가 일하시는 곳으로 따라다니며 놀곤 했다. 주로 못자리 옆 복사꽃 언덕이나 집 근처 밭에서 놀았으나, 그날은 벼논에 거름으로 넣을 떡갈나무 잎이랑 풀을 베러 가시는 아버지를 따라 진등음달이라 불리는 우리 산으로 갔다.

개울에서 가재를 잡으며 놀다 시들해진 나는 잡은 가재를 풀줄기로 묶어서 돌로 만든 연못에 가둬 두고, 아버지가 떡갈나무 잎을 베어 와서 말리는 잔디밭으로 갔다. 아버지는 보이지 않고 새 소리만 들렸다. 형들이 하던 대로 싸리나무 잔가지로 떡갈나무 잎을 엮어 모자도 만들어 보고, 솔방울을 주워다 구슬치기도 해 보았으나 혼자서 하는 놀이는 금방 싫증이 났다. 아버지가 베어다 놓은 풀 무더기에 기대어 누웠다. 떡갈나무 잎에서 풍기는 풀냄새가 향긋했다. 하늘엔 구름 조각이 흘러가고 바람이 불 때마다 송홧가루가 날렸다. 꿩도 심심한지 가끔 큰 소리로 울었다.

무심코 내려다 본 배꼽에 까만 때가 보였다. 때를 파내기 시작했는데 잘 나오지 않았다. 한동안 후벼 파자 때가 떨어져 나왔다. 너무 무리하게 파서 배꼽 주위가 발갛게 되어있었다. 갑자기 배가 아프기 시작했다. 일어서서 돌아봐도 아버지는 보이지 않았다. 높은 곳에 올라서서 까치발로 사방을 둘러봐도 마찬가지였다. 순간 무서운 생각이 들면서 배가 더 심하게 아팠다. "아부지! 아부지!" 하고 목이 터지게 불렀으나 대답이 없었다. 그만 큰 소리로 울기 시작했다. 아버지를 부르며 엉엉 울고 있는데 아버지는 지게도 지지 않고 맨몸으로 달려오셨다.

배를 내보이자 아버지는 왜 아픈지 금방 아셨다. 까만 것이 때가 아닌데 그걸 파서 배가 아프다고 하시면서, 베어다 놓은 떡갈나무 잎을 펴고 그 위에 나를 눕히고는 배를 쓰다듬기 시작했다. 손은 거칠고 뜨거웠다. 뱀에 물린 줄 알고 놀랐다고 하시며 웃으셨다. 웃으시는 아버지를 보니 큰일은 아닌 것 같아 마음이 놓였다. 아버지가 일을 그만하고 나랑 같이 놀아 주면 좋겠다는 생각이 들었다.

오래 잔 모양이었다. 내가 잠에서 깨었을 때 이미 아버지는 지고 갈 마른 풀을 지게 위에 묶어 놓고 기다리고 계셨다. 배는 아프지 않았다. 아버지랑 개울로 내려갔다. 잡아서 묶어 놓았던 가재들이 다 도망가고 그중 작은 새끼 몇 마리만 남아 있었다. 가재를 풀어주었다. 아버지는 "잘했다!"고 한마디 하시고는 내 손을 잡고 언덕 위로 끌어올려 주셨다.

돌아오는 길은 즐거웠다. 물오른 소나무 가지를 꺾어들고 아버지 앞에서 춤추듯 걸었다. 동생이랑 송기 먹을 생각에 입에 침이 고이고, 맨발에 신은 까만 고무신이 여러 번 벗겨졌다. 마을이 가까워지자 나는 동생이랑 엄마가 기다리는 집으로 내달렸다. 🌼

에네미고개의 추억

나는 여행을 많이 다니는 편이다. 4륜구동 지프에 카메라 가방을 싣고 포장이나 비포장 길을 가리지 않고 다니곤 하는데, 의외로 길옆 도랑이나 진흙길에 빠진 차를 많이 만났다. 그런 차를 끌어내 주려고 견인용 로프를 트렁크에 싣고 다닌다.

빙어 낚시 왔다가 얼음 깔린 밭에 빠진 승합차며, 도랑이나 모래밭에 빠진 차 등 여러 대를 끌어내 주었다. 빠진 차를 끌어내 주었을 때 사람들의 반응은 다양했다. 몇 번씩 허리를 굽히며 내가 오히려 미안할 정도로 어쩔 줄 몰라 하는 사람도 있었고, 다음에 만나 술이라도 한 잔 하고 싶다는 사람이랑 명함을 주면서 어디에 사는데 꼭 연락하라는 사람도 있었다.

그런데 공통점이 하나 있다. 모든 사람들이 헤어지면서 창문을 열고 웃는 얼굴로 머리를 꾸벅이거나 손을 흔들며 인사를 하는 것이다. 나도 손을 흔들며 답례를 하는데, 그때의 그 기분은 말로 표현하기 어렵다. 남을 돕고 얻는 기쁨이 진정한 기쁨임을 알았다. 짧은 만남 뒤에 서로가 이렇듯 따뜻한 눈길을 주고받을 수 있다는 것도 놀라웠다.

눈이 많이 온 겨울, 화천군 간동면 에네미고개에서 차를 끌어내 주었던 순박한 모습의 60대 부부는 아직도 기억에 생생하다. 고개 너머 방천리에서 농사를 지으며 슈퍼를 한다고 했다. 스노우체인 없이 눈 덮인 언덕길을 오르다가 길옆 도랑에 빠져 버린 모양이었다. 4륜구동차도 체인을 쳐야

할 상황이었는데 체인 없이 나선 것이 무리였다. 차체는 바닥에 닿아 있고 바퀴는 헛돌고 있었다. 차를 빼내려고 얼마나 몸부림을 쳤는지, 눈밭에 난 두 사람의 발자국이며 차바퀴 자국, 근처에 널려 있는 소나무 가지가 상세하게 알려 주고 있었다. 아주머니는 "큰길까지 나가서 버스를 타고 서울에 가야 하는데 큰일 났다"면서 발을 동동 구르고 있었다.

차를 끌어내려고 보니 로프가 없었다. 그제야 차 청소를 하면서 로프를 집에 내려놓은 생각이 났다. 아저씨는 언덕 아래 외딴집에 가서 혹시 튼튼한 밧줄이 있는지 알아보고 오겠다고 갔었는데 빈손으로 돌아왔다. 나는 차를 몰고 다시 고개를 내려와 오음리 사거리에 있는 철물점에 들러 로프를 샀다.

차를 언덕 위까지 끌어낸 후 잘 다녀오시라는 인사를 하고 돌아서려는데 아저씨가 나를 불렀다. 뒤돌아보니 손에는 만 원짜리 두 장이 들려 있었고 한사코 내 손에 쥐어 주려고 애를 썼다. "이 고마움을 돈으로 갚을 수 있겠습니까마는 우리 부부의 성의니 받아 주시오" 하며 뿌리치는 나를 계속 잡고 놓아주지 않았다. 나는 아저씨의 손을 잡고 괜찮다고, 그렇게 미안해하시지 말고 서울 잘 다녀오시라고 하며 오히려 내가 사정을 했다. "로프 값도 있는데……" 하면서, 몇 번씩이나 고개를 숙이며 방천리에 오면 꼭 슈퍼에 들러 달라고 부탁을 하고 떠났다.

매서운 추위였는데 내 손은 차고 그 키 작은 아저씨의 손은 뜨거웠다. 농사일로 거칠어질 대로 거칠어진 뻣뻣한 손이 방금 모닥불을 쬐고 나온 사람처럼 뜨거웠다. 빠진 차를 끌어내려고 얼마나 애를 태웠으면 손이 저렇게 뜨거울까 싶었다. 햇볕에 검게 그을린 얼굴도 상기되어 있었다. 그 순박한 얼굴을 가까이 대하고 보니 처음 본 사람이 아니고 잘 아는 사람이거나, 부모 형제 같다는 느낌이 들었다. 그 순간 평생 농사를 짓다 돌아가신 아버지의 손도 저랬는데 하는 생각이 나면서 손을 한 번 더 잡아 보고 싶었으나 참았다.

고갯마루에 차를 세우고 낡은 소형차가 무사히 언덕을 잘 내려가는지 지켜보았다. 차가 평지에 도착하는 것을 확인하고 나는 에네미고개를 넘었다. 날씨는 추웠으나 하늘은 파랬고, 아름다운 설경이 나를 반갑게 맞아주었다. 조그만 산새들도 포롱포롱 날아다니며 즐거운 한때를 보내고 있었다. 🌸

운 좋은 사람들

운 좋은 사람은 나의 아버지와 막냇삼촌, 그리고 백형이다. 세 분은 살기 힘든 시절에 태어났다. 아버지는 국권을 빼앗긴 1910년, 삼촌과 백형은 1930년대 초반에 태어났다. 나라 잃은 설움을 당했고, 일제의 학정에 몸부림쳤던 분들이다. 그리고 극심한 가난과 6.25 전쟁을 겪었다.

이 세상에 전쟁보다 더 비참한 일이 또 있을까. 그런데 아버지는 불우한 시절에 태어난 이 세 사람을 운 좋은 사람이라고 하셨다. 6.25 전쟁 때 극적으로 살아남았기 때문이다.

전쟁 중에 아버지(김원달)는 고향 영천 고경에서 농사를 짓고 계셨다. 낙동강 전투에서 밀린 인민군이 북쪽으로 퇴각하면서 고향 일대를 덮쳤다. 그들은 곡식과 소를 탈취하여 북쪽으로 가면서 전쟁에 동원되지 않고 마을에 남아 있던 나이 든 남자들을 인질로 데리고 갔다. 짐을 지우거나 소를 몰게 하고 따발총으로 감시를 하면서 북으로 가다가, 곡식이 줄고 소를 잡아먹고 나면 필요 없는 남자들을 죽이고 갔다.

달밤에 4-5명씩 줄지어 앉혀 놓고 따발총을 쏴서 죽이고 가곤 했다. 어둠 속으로 도망가다가 총을 맞고 그 자리에서 죽은 사람도 있었고, 어떤 사람은 죽기 살기로 뛰다가 삼통(대마를 삶으려고 들판에 만들어 놓은 찜통) 속으로 들어가서 산 사람도 있었다. 집으로 돌려보냈더라면 좋았을 것을, 무기도 없는 사람들을 왜 죽였을까. 자신들의 위치를 우리 군에 알려주거나 뒤

따라가서 공격할 것을 우려했을 것이다. 그 죽음의 줄에 앉았던 아버지도 '따당' 하는 총소리와 함께 옆으로 쓰러졌다. 총을 쏜 인민군은 다른 인질들이 도망갈세라 서둘러 일행을 따라갔다. 그런데 아버지는 아픈 곳이 없었다. 총알이 빗나가 살아나셨다.

막냇삼촌(김병조)이 속한 부대는 울진 근처에서 북쪽으로 퇴각하는 인민군을 공격하고 있었다. 먹을 물이 없어 소 발자국에 고인 물을 먹어가며 뒤쫓고 있었다. 밤낮없이 전투를 하다 보니 부대원들이 행진을 하는 중에 졸기도 했다. 그런데 삼촌의 부대 뒤에 또 퇴각하는 인민군 부대가 뒤따라오고 있었다. 삼촌이 소속된 부대원 전원이 죽거나 포로가 되었다. 포로로 잡힌 삼촌은 먹지도 못하고 인민군들의 짐을 지고 끌려갔다.

어느 지역인지 확실하게 알 수는 없지만, 원산 가까운 곳이 아닌가 하는 생각이 들었다고 하셨다. 과수원에 포로들을 모아 놓고 구덩이를 파게 했다. 땅을 제대로 파지 못하거나 쓰러지면 총으로 쏴서 죽였다. 죽지 않으려고 기를 쓰고 구덩이를 팠다. 인민군들은 깊은 구덩이가 완성되자 그 가장자리에 포로들을 세워 놓고 뒤에서 따발총을 발사했다. 우리 국군 포로들은 총을 맞고 구덩이 속으로 넘어졌다. 삼촌은 첫 총소리와 동시에 기절해서 구덩이 속으로 넘어졌다. 총을 맞지 않고 밑에 깔렸다. 정신이 들자 심한 피비린내가 나면서 뜨거운 핏물이 차오르기 시작했다. 인민군은 시체가 겹겹이 쌓인 구덩이를 향해 확인 사살까지 하고 떠났다.

삼촌은 죽은 듯이 숨을 죽이고 있는데 구덩이 한 쪽에서 인기척이 느껴졌다. 어둠을 향해 "누구 있소?" 하고 나직이 불렀는데 대답이 돌아왔다.

주검을 타고 넘어 그에게 기어가니 다리에 총을 맞은 사람이 살아있었다. 그를 구덩이 밖으로 끌어내기가 너무 힘이 들었다. 혁대의 버클로 구덩이 벽에 발 디딜 곳을 파고 겨우 끌어내었는데 그는 혼자 걸을 수가 없었다.

부상자를 부축하고 걷다 주저앉았다 하면서 가는데 멀리 불빛이 보였다. 할머니 한 분이 살고 계셨다. 국군복을 입고 남하할 수는 없는 일이었다. 인민군에게 발각되면 그 자리에서 죽임 당할 것이 뻔했다. 할머니에게 옷을 부탁하자 인민군으로 전쟁에 나간 아들 옷을 내주었다. 고마운 할머니는 먹을 것도 주셨다.

허기를 면한 두 사람은 어둠 속에서 하룻밤 몸을 추스른 후, 낮에는 산에 숨고 야음을 틈타 남하했다. 산에도 여름이라 물과 먹을 것은 있었고 민가도 가끔 만났다. 하루가 달리 밤 기온이 떨어지고 있던 어느 날 인천 상륙작전에 성공한 우리 군과 조우했다. 소속과 성명을 말한 뒤 기절했다.

그 후 부산 10동병원(국군 병원이었는데 병동이 10개라고 해서 10동병원이라 불렀음)으로 후송되어 살아났다. 가족들은 이미 삼촌의 전사 통보를 받은 상태였다. 막냇삼촌이 후송된 며칠 뒤, 연로하신 할아버지 대신 맏형인 아버지가 면회를 갔는데 뼈만 남아 있었다. 삼촌은 퇴원 후에도 옆구리에 큰 상처가 있었는데 그 아비규환의 구덩이 속에서 총을 맞고 죽어가는 사람이 삼촌을 물어서 생긴 자국이었다.

백형(김규한)은 학도의용군으로 참전했다. 부랴부랴 총 쏘는 법만 배운 후 소총 한 자루를 들고 안강·포항 전투에 투입되었다. 주변에서 가장 높은 도덕산(경북 영천시 고경면)을 점령한 인민군과 안강 쪽의 국군이 치열한 전투를 벌였다. 밀고 당기는 근접전이 계속되면서 피아간의 인명 피해가 컸다. 백형은 전투 중에 대퇴부 관통상을 입고 후송되었다.

전쟁이 끝나갈 무렵, 큰 부상으로 후송된 몇 사람을 빼고 함께 참전했던 학도병 친구들이 모두 죽었다는 소식을 들었다. 백형도 부상을 입지 않고 계속 전투에 참가 했었다면 살아남을 수 없었을 것이다. 전투가 얼마나 치열하고 사상자가 많았던지 형산강 물이 핏물이었다는 소문이 돌았다.

세 분 모두 남다른 머리와 재주를 가진 분들이었다. 아버지는 서당에서 한학을 배우셨는데 필체가 좋으셨다. 윗대 할아버지의 비문도 손수 쓰셨고, 삼촌이랑 우리 남매들이 공부할 천자문·통학경편도 직접 써서 책을 매 주셨다. 훈장의 극진한 사랑도 받았고 마음도 넓은 분이셨다. 우리 남매들에게 논어나 명심보감 등에 나오는 명구들을 끊임없이 들려주셨고, 나도 훌륭한 어르신의 셋째 아들이라는 덕담을 들으면서 자랄 정도로 아버지는 지역 사람들로부터 존경을 받았다.

막냇삼촌은 인물도 출중하고 공부도 잘했는데, 돈이 없어서 중학교 진학을 못하게 되자, 일본인 교장이 양자로 삼아서 훌륭하게 키우겠다고 수차례 간청했으나, 할아버지는 "와, 왜놈에게 아들을 주나" 하시며 단칼에 거절해 버렸다. 그리고 집안의 장손으로 태어난 백형은 가정 형편이 좋지 않았는데도 대학까지 다녔는데, 들어가는 학교마다 공부를 잘해서 집안 어른들의 사랑을 많이 받았다.

아직 6.25 전쟁은 끝나지 않았다. 전투가 멈추고 60년 넘게 지나다 보니 평화가 정착된 것으로 착각하는 사람들도 있지만, 아직 휴전일 뿐이다.

이 말이 믿기지 않는다면 6.25 전쟁을 비롯해서 북한이 저지른 청와대 습격 사건, 삼척·영월 무장 공비 침투, 판문점 도끼 만행 사건, 아웅산 폭탄 테러 사건, KAL기 폭파 사건, 강릉 무장 공비 침투, 연평 해전, 천안함 폭파, 연평도 포격 등 수많은 만행을 뒤돌아보길 바란다.

언제 다시 포성이 울리고 핵무기가 날아와서 우리의 하늘에 버섯구름을 피워 올릴지 모른다. 피가 통하지 못하게 반도의 허리를 옥죄고 있는 군사 분계선이 끊어지고 민족의 자유 통일이 이루어지는 그날, 전쟁은 끝이 날 것이다.

내가 군에 입대하기 전 고향에 가서 농사일을 도우며 아버지와 한 달 가량 함께 지낸 적이 있었는데, 그때 아버지께서 많은 얘기를 들려주셨다. 철들고 나서 이렇게 아버지와 오랜 시간을 함께 보낸 적이 없었다. 다른 형제들보다 별났던 내 어릴 적 얘기며 일제 때의 얘기, 그리고 6.25 전쟁에 관한 얘기도 이 때 많이 들려주셨다.

6.25 전쟁 때나 아니면 병이나 사고로 일찍 돌아가신 지인들의 얘기를 하시면서 세 사람은 운이 좋은 사람이라고 하셨다. 운이 좋았다고 말씀하시면서도 운 좋은 사람의 표정이 아니었다. 옛날의 일들이 자꾸 떠오르는 듯 먼 하늘을 바라보시곤 했다. 어쩌면 그날 밤 아버지 등을 겨누고 발사되던 그 따발총 소리를 떠올리고 계시는지도 모를 일이다. 아버지는 나에게 군 생활 잘 하고 건강하게 돌아오라는 말씀을 에둘러 하시고는, 뒷짐 진 손에 호미를 들고 텃밭으로 나가셨다.

100년도 넘게 고향집을 지키고 있던 감나무 가지에서 매미는 목이 터져라 울어대고, 땡볕은 맨땅에 불을 붙일 듯 뜨거웠다. 전쟁을 겪어 보지 않은 사람이 그 비참한 상황을 상상하기란 불가능할 것이다.

감나무 그늘에 앉아 땡볕 속으로 나가시는 아버지의 뒷모습을 바라보는 내 귀에는, 매미들의 숨넘어가는 울음 사이사이에 따발총 소리가 섞여 있는 것처럼 들렸다. 따다당 따다 따다 따당. ✻

* 이 글을 쓰면서 집안에서 가장 연세가 높으신 작은 누님(김차순)과 형(김규하), 그리고 동생(김규암)과 막냇삼촌의 직계인 사촌 동생(김연옥·김규곤·김연순) 등 여러 친척들의 얘기를 다시 들었지만, 여기 기록한 얘기 외에 더 구체적인 얘기는 들을 수 없었다.

갠지스강의 모래

뇌졸중으로 오래 고생하시던 장인어른께서 돌아오지 못할 길로 가셨다. 자식 중에 가장 늦게 도착한 나를 관에 누워 기다리고 계셨다. 차가운 얼굴을 쓰다듬으며 잘 가시라고 마지막 인사를 했다. 장례식장의 침울한 분위기며 가족들의 통곡 소리와는 달리 너무나 평온한 얼굴이셨다.

임종을 지켜본 아내와 딸의 얘기로는 고통 없이 편하게 가셨다고 했다. 화장장의 직원들이 유골을 포장하면서 보통 사람의 두 배 가까이 된다고 했다. 연세에 비해 건강하셨는데, 뇌졸중 두 번에 일어나지 못하고 가셨다.

유골을 모시고 장지에 도착하니 찔레꽃 향기가 마중을 하고, 야산에서는 잘 울지 않는 검은등뻐꾸기가 울고 있었다. 생전의 소원대로 평장을 하고 조그만 소나무를 심기로 했다.

처남 친구들이 묘혈을 파고 주변을 정리한 다음, 유골함을 내리고 큰 아들부터 유교의 관습대로 흙을 뿌리는 절차가 진행되었다. 흙으로 유골함을 묻으려고 할 때, 아내가 조금만 기다려 달라는 말을 하고 선산 아래쪽에 세워둔 차로 달려갔다. 누군가가 낮은 목소리로 "갠지스강 모래를 가지러 갔다"고 말했다. 두런거리던 사람들이 말을 그치고 검은 상복을 입고 밭둑길을 뛰어오는 아내를 바라보고 있었.

우리 가족이 인도 여행을 다녀온 것은 오래전인데, 바라나시 메인가트에서 배를 빌려 타고 갠지스강을 건너가서 사진도 찍으면서 모래밭을 거닐다가 왔다. 그때 아내가 조그만 병에 밤톨 서너 개 분량의 모래를 담아 왔었다. 집에 돌아온 아내는 그 모래를 씻어서 말린 후, 돌로 깎은 조그만 향함에 담아서 상 위에 놓고 날마다 기도를 했다. 그리한 지 벌써 6년이 넘었는데 그 모래를 가져온 모양이었다.

아내가 조그만 병을 들고 와서, 가쁜 숨을 몰아쉬며 무릎을 꿇고 앉아 가는 모래를 유골 위에 뿌렸다. 누가 그렇게 하라고 한 것은 아닌데, 거의 모든 사람이 손을 앞으로 모으고 있었다. 한 가닥의 시선도 흩어지지 않고 유골함 위에서 구르며 퍼져나가는 모래를 바라보고 있었다. 그 행위가 너무 경건해서 그런지 한동안 숨소리마저 멈춘 듯 정적이 흘렀다.

아내의 손가락 사이를 빠져나간 하얀 모래가 '편히 쉬세요 아버지, 편히 쉬세요 아버지!' 하고 속삭이는 것 같았다. 아내가 모래를 뿌리고 일어서자 말 한마디 없이 바라보던 사람들이 다시 옆 사람들과 조용조용 얘기를 하기 시작했다. 유족들의 슬픔이, 잠시의 침묵을 지나 염원의 언덕을 넘어가는 것처럼 느껴졌다. 감탄의 말소리도 들렸다.

이런 경험은 처음이다. 이렇게 하면 좋은지 어떤지는 모른다. 그러나 이 세상의 만물은 우리가 의미를 부여하고 정성을 쏟으면 새로운 사물로 태어나는 것이 분명하다. 예술 작품이나 결혼반지뿐만 아니라, 하찮은 모래도 의미를 부여하고 간절한 마음을 담으면 여러 사람을 감동시킬 수 있는 보물 같은 존재가 된다.

아내가 뿌린 갠지스강의 모래는 이미 단순한 모래가 아니었다. 장인어른의 영혼도 위로받을 것이고, 모래를 뿌린 아내나 거기 모인 이들의 가슴도 따뜻해졌을 것이다. 돌아가신 부모님이 좋은 곳으로 가시기를 바라는 자식의 소원이 간절하게 느껴져서 또, 눈물이 났다.

  온종일 바람은 찔레꽃 향기를 실어 오고, 검은등뻐꾸기는 선산 주변을 돌며 울고 있었다. ✺

갈목마을의 노을

통영의 평인일주도로 서쪽에 있는 갈목마을은 석양의 풍경이 멋진 곳이다. 우리 부부가 머물던 펜션 앞 언덕에서 해넘이를 볼 수 있었고, 솔바람 소리가 귀를 달래 주었다. 섬 사이의 조용한 바다에는 양식장의 부표가 설치 미술처럼 펼쳐져 있고, 작은 배들이 통통통 심장 뛰는 소리를 내며 지나다니곤 했다.

특히 새벽녘에 멀리서 들리는 선박의 엔진 소리는, 창문에 드리워진 보라색 어둠을 한 겹 한 겹 벗겨내는 것 같았다. 어부들은 달이 밝은 밤이나 칠흑 같은 어둠을 상관 않고 바다로 나가지만, 마을은 뒤척이지 않았다.

열 채도 안 되는 집들이 옛 모습을 한 채 작은 포구 마을을 지키고 있었다. 새로 들어선 펜션도 있었으나 빈집도 여러 채 보였다. 예닐곱 마리의 강아지를 낳은 몸집이 큰 어미 개는 불은 젖을 출렁이며 산책 나간 우리를 따라다니기도 했고, 펜션 주인집 말티즈 쫑이도 우리와 금방 친해졌다. 개들은 꼬리로 말하고 우리는 입으로 말했지만 뜻이 잘 통했다.

중개사와 함께 살 만한 집이 있는지, 집 지을 만한 땅이 있는지 둘러보기도 하고 관광도 하며 한 달 동안 갈목마을에 머물렀다. 통영은 동양의 나폴리라 불리기도 하고 여행도 자주 왔던 곳이지만, 느긋하게 머물며 둘러보니 정말 살아보고 싶은 곳이었다. 통영항 뒷산 체육공원에서 바라본 전경이며, 천함산에서 바라본 미륵산과 섬들이 이루는 그림 같은 풍경은 잊을 수가 없다. 박경리공원, 청마기념관, 동피랑 언덕도 통영이 생각날 때마다 그림처럼 눈앞에 펼쳐질 것 같다.

　갈목마을은 조용했다. 쪼끄만 체구의 할머니 한 분이 마을 입구에 있는 정자의 석축에 나와 앉아 계셨다. 지팡이를 짚고 느린 걸음으로 걷는 모습을 보고 연로하시구나 하는 생각이 들었는데, 가까이서 뵈니 백발과 얼굴의 깊은 주름이 팔순을 훨씬 넘긴 듯했다.

　우수를 지난 때이긴 해도 가끔 바람이 차가왔는데, 할머니는 거의 매일 돌계단에 앉아 계셨다. 아내가 옆에 앉아 말을 붙이면, 얘기 할 사람도 없고 해서 사람 구경도 하고 바람도 쐴 겸 나왔다고 하며 말동무를 해줘서 고맙다고 하셨다. 말도 조근조근 잘 하시고 어쩌다가 과일이라도 한 개 드리면 몇 번이고 고맙다는 인사를 하셨다. 시집간 딸이 셋이나 있는데 전화도 자주 없고, 명절에도 안 온다는 얘기를 듣고 가슴이 아팠다. 혼자 의식주를 해결하기가 무척 힘이 드실 것 같았다.

　산책이나 등산을 하고 올 때면 할머니는 늘 그 자리에 앉아 계셨다. 어느새 안 보이시면 뭘 하고 계시지, 편찮으신가 하며 궁금해졌다. 통영 생활이 스무날 정도 지난 어느 날 펜션의 주인아주머니가 할머니 얘기를 들려주셨다. 할머니는 매일 그 자리에 앉아 할아버지의 산소 쪽을 바라보고 계신다는 것도 알려 주었다. 할머니가 앉으시는 방향은 산과 바다가 동시에 보이는 남쪽이었다. 천함산 자락에 할아버지의 무덤이 있다고 했다. 우리에겐 그저 사람이 그리워서 사람 구경하러 나오신다고 하셨는데……. 할머니는 차가운 돌 위에 앉아 무슨 생각을 하실까? 할아버지와 대화를 나누실까? 자식들 키우며 오순도순 살던 얘기들을 하실까? 아니면, 지금의 외로운 삶을 푸념 섞어 말하고 계실까? 갑자기 할머니의 외로움이 내 것이 되어 파도처럼 뇌리 속으로 밀려왔다.

흐린 날을 빼고는 날마다 일몰 구경을 하며 사진도 찍었다. 할머니에 관한 얘기를 듣고 난 다음 날도 석양은 장관이었다. 노을이 수면에 붉은 꽃잎을 뿌리며 하루의 끝을 장식하고 있었다. 좋아하는 풍경을 카메라에 담으면서도 다른 날처럼 즐겁지 않았다. 할머니의 흰 머리카락과 힘없는 걸음걸이가 자꾸 노을 속에 어른거렸다.

할머니의 외로움이 혼자 감당하기엔 힘에 부칠 것 같았다. 딸들은 왜 연락이 뜸할까? 살기가 힘들어서 그럴까? 병이 났을까? 허리가 직각으로 휜 할머니는 지팡이를 짚고 갈목마을의 노을 속으로 걸어 들어가고, 나는 젖은 마음을 말리느라 밤새 뒤척였다. ✤

취시선(醉是僊)

'취하니 곧 신선이다'는 뜻으로 제주 출신의 유명한 서예가이신 소암(素菴) 현중화(玄中和) 선생님이 생전에 좋아하시던 작품이다. 나는 이 작품을 직접 보고 사진을 찍은 적이 있다. 세 글자를 쓴 두루마리 표구가 가로 두 발, 세로 한 발 정도의 크기였던 것으로 기억한다.

내가 소암 선생님을 처음 뵌 것은 90년대 초반 어느 초여름 제주 중문 관광 단지 내에 있는 관광 어촌에서였다. 당시 소암 선생님은 강창수 서귀포 시장님, 지역 유지 변성근 님과 세 분이 바닷가로 바람 쐬러 나오셨고, 나는 그때 사진 클럽 회원들과 촬영 나갔다가 처음 뵈었다. 내 직장 친구의 백형이신 강 시장님께 인사를 드렸더니 일행을 소개해 주셨다. 나는 그때 말로만 듣고 있던 소암 선생님을 직접 뵙고 무척 기뻤다.

선생님께서는 모시 한복 차림에 길고 흰 수염을 날리며 바다를 바라보고 계셨는데, 나는 그 모습이 너무 좋아 양해를 구하고 사진을 몇 장 찍었다. 그리고 돌아서려니 고풍스럽고 정갈한 그 모습이 자꾸만 떠올라 사진 동호회 회원들에게 기다려 달라고 말하고, 다시 뒤돌아가서 사진 몇 장 더 찍어도 되겠느냐고 여쭈었다. 많이 찍은 것 같은데 또 찍을 게 있느냐고 하시며 허락하셨다.

모시옷과, 갯바람에 휘날리는 흰 수염과, 푸른 바다와 옛 정취가 그대로 남아 있는 초가집이 화면 속에 어우러지면 좋은 사진이 될 것 같았다. 그래서 초가의 마루에 앉으시게 하거나 돌담 곁에 서 달라는 부탁도 드렸다. 그러나 아흔을 바라보는 노 예술가는 조금도 귀찮아하시는 기색 없이 젊은 사람답지 않게 끈질긴 데가 있다며 웃으셨다.

후에 그날 찍은 사진을 확대해서 일행 세 분께 선물로 드렸고, 소암 선생님은 지금 우리 집 거실에 걸어두고 가보로 간직하고 있는 글을 써 주셨다. 심근고저(深根固柢)*란 작품인데, 그날 나의 사진 찍는 모습을 보고 느낀 점을 노자(老子)에서 따왔다고 하시면서 말미에 내 이름까지 넣어 주셨다.

임신년(1992년) 한여름 날, 선생님의 작업실인 조범산방(眺帆山房) 맑은 창가에서 거울 같은 바다를 바라보며 쓰셨다는 말도 붙이셨다. 아마 이 글씨가 소암 선생님의 말기 작품이 아닌가 싶다. 그 후 다시 뵙지 못하고 1997년 12월 91세를 일기로 별세하셨다. 말수 적으신 소암 선생님의 맑은 미소가 지금도 생각이 난다.

별세하시기 몇 해 전 서울 전시회를 앞두고 취시선이란 작품의 도록 사진을 부탁하셔서 흑백 필름으로 사진을 찍었었는데, 톤을 살리지 못해 실패했다. 시간이 짧기도 했지만 여러 가지 방법이 있었는데 내 성의가 부족했던 탓이었다. 그때 도록 사진을 못 만들어 드린 것이 두고두고 아쉽다.

나 이전에도 다른 사진작가들에게 여러 번 부탁을 했었는데 실패했다는 얘기도 들었다. 그 뒤 어느 사진작가 분이 찍어서 만든 서울 전시회 도록을 본 적이 있다. 그리고 서울 전시회도 성공적으로 마쳤다는 얘기를 들었다. 도록 사진 만들기는 실패했지만, 직접 사진을 찍고 지인을 통해 작품의 탄생 일화까지 알고 난 후 취시선은 나에게도 잊지 못할 작품이 되었다.

소암 선생님께서 활발한 서예 활동을 하면서 학교에서 교편을 잡고 계시던 어느 날, 지인들과 술집에서 술을 들고 계셨다고 한다. 서예의 대가이신 소암 선생께서 배석한 자리인지라 자연스레 서예 얘기가 오갔다. 술이 몇 차례 돌고 분위기가 고조되자, 좌중의 한 사람이 술집 주인에게 소원을 풀어 주겠다고 말하고 소암 선생님께 한 자 남겨 주실 것을 부탁드렸다. 이럴 때 기생의 치마폭에다 유명한 글씨를 남긴 일화도 많지만, 소암 선생님은 먹에 붓을 적신 다음 벌떡 일어나 텅 빈 벽에다 사람 키에 버금가는 세 자를 적으셨다. 그것이 바로 취시선이다.

여러 해가 지난 후에도 취중에 쓰신 글씨 생각이 나서 수소문하던 중에 술집 주인에게 그 말이 전해졌고, 주인이 쾌히 승낙을 해서 벽지를 통째로 벗겨다 배접을 한 작품이다. 빛바랜 누르스름한 벽지에 묽게 간 먹으로 쓴 초서로 활달한 필치였다. 서예에 조예가 없는 내가 봐도 혼이 배어있는 듯한 글씨다. 한 마디로 웅혼하다. 작품도 작품이거니와 이 일화 또한 얼마나 낭만적인가.

소암 선생님과는 단 한 번의 짧은 만남뿐이었다. 그 만남이 이렇게 오랜 세월 내 가슴에 생생하게 새겨진 이유가 뭘까. 그것은 아마도 선생님과 취시선에 대한 특별한 인연과, 내게 주신 서예 작품 때문인 것 같다. 선생님의 글씨를 가장 잘 보이는 거실의 벽 한가운데 걸어 두고 맨날 바라본다. 그리고 가족들과 소중히 간직하자고 약속하고, 집에 오신 손님들에게 작품의 내력을 설명하기도 한다.

오래도록 글씨를 바라보며 살아오는 동안, 내 마음속 깊은 곳에서 그 추억이 발효되고 단단해져 보석처럼 된 게 아닐까. 서예 전시회에 갔을 때나, 글을 읽다가 취할 취(醉)자만 봐도 가슴속에서 추억이 반짝인다.

 이 글을 쓰는 지금도 소암 선생님의 모습과 중문의 해변 풍경이 눈에 아른거린다. 선생님을 만났던 그날의 파도 소리도 들리는 듯하다. 거실 탁자에 앉아 신문을 보거나 차를 마시다가 고개를 들면 벽에 걸린 선생님의 작품이 보인다. 소암 선생님을 생각할 때마다, 내 눈 앞에 있는 작품과 마음속에 있는 취시선이 늘 함께 떠오른다. ✽

 * 심근고저(深根固柢): 뿌리가 땅속 깊이 뻗어 움직이지 않는다는 뜻으로, 기초와 근본이 튼튼함을 이르는 말.

눈물 냄새

 엄마는 내가 중3 때 하늘로 가셨다. 그때는 엄마 없는 세상을 못 살 것 같았다. 가족들도 내가 가장 섧게 울었다고 했다. 철이 들면서 남자는 쉽게 눈물을 보이면 안 된다는 가르침을 받고 자란 나는 드러내 놓고 울지 못했다. 엄마 생각하다가 남몰래 운 적도 여러 번이다. 소년의 가슴에 새겨진 그리움은 세월이 흐르면 흐를수록 더 깊어지는 모양이다.
 내 영혼을 적신 눈물 냄새는 평생 가시지 않았다. 그러나 남들은 눈치채지 못했을 것이다. 엄마와의 아름다운 추억이 많건만, 눈물이 나서 돌아볼 엄두조차 낼 수가 없었다. 쉰이 넘어서도 그랬다. 아마 평생 그럴 것이다.
 글을 쓰거나 얘기를 하다가도 느닷없이 엄마를 일찍 떠나보낸 소년의 처지가 되어 눈물이 나곤 했다. 맘에 드는 글을 한 줄 쓰거나, 찍은 사진이 마음에 들면 엄마에게 보여 주고 싶었다. 좋은 일을 하거나 상을 탔을 때도 엄마에게 자랑하고 싶었다. 노부모를 모시고 가는 사람만 봐도 콧등이 시큰거렸다. 이 지독한 그리움을 하늘에 있는 엄마도 알고 있을 거란 생각이 들었다.
 내가 큰 병에 걸려서 병명을 찾지 못하고 헤매면서 죽기 직전까지 내몰렸을 때도 엄마 생각이 나서 섧게 울었다. 슬픈 영화나 책을 보다가도 내 감성의 우물은 자주 넘쳤다. 어릴 때는 별나고 용감한 아이였는데, 일찍 엄마를 잃은 소년의 삶이 체질을 바꾼 것일까. 나이 들면서 내가 민감하고 감성적인 사람임을 알았다.

그런데 참 이상하다. 부모가 살아 계시는 사람들은 자신이 행복한 사람이란 걸 전혀 모르고 있었다. 심지어 짐으로 생각하는 사람도 있다. 인간의 생각이 자신의 처지에 따라 이렇게 달라질 수 있다니 놀랍다. 인간은 어차피 자기 본위로 생각하고 살아가는 이기적인 존재인가.

부모의 몸을 빌려 이 세상에 왔고, 정성을 다해 키워 줘서 오늘이 있건만 자기가 잘나서 그런 줄 착각한다. 그들은 당해보지 않아서 그렇다느니 병수발을 3년만 해 보라고 한다. 그러나 한 번 가면 되돌아올 수 없는 게 인생이다. 부모님 살아 계실 때 효도하지 못한 사람의 회한을, 부모가 살아 계시는 사람들은 짐작조차 못할 것이다.

한 번만이라도 엄마하고 부를 수 있다면, 꿈에서라도 그 조그만 가슴에 한 번 안겨 봤으면 원이 없겠다. 아니면, 무덤 앞에 무릎 꿇고 나직이 불러 봐도 좋으련만 산소도 없다. 머리가 영리해서 여러 사람들의 부러움을 사던 장조카가 정신병이 나서 아무리 해도 낫지 않자, 무당의 말을 듣고 산소를 없애고 말았다. 엄마의 유품도 없다.

세월은 자꾸 잊으라고 하는데, 그러면 그럴수록 더 커지기만 하는 이 그리움의 끝은 어디일까? 아마 내 생명이 다할 때, 가슴에 가득한 이 눈물 냄새도 하늘로 날아가리라. ✲

3. 피아노 위의 누드

감사의 키스

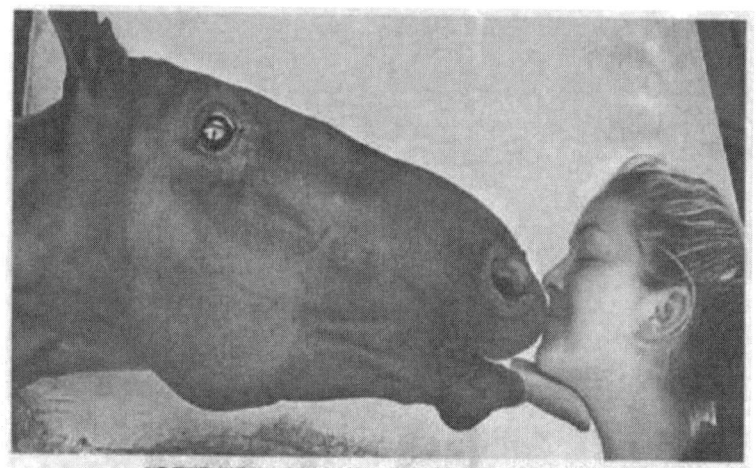

◇감사의 키스 미국 캘리포니아주 샌타 바버라에서 열리는 한국 말 쇼에 나가는 '엠플리카이(왼쪽)'가 2일 마구간에서 자신의 몸을 씻고 손질해준 알렉스 존슨에게 키스하고 있다. /샌타 바버라=AP연합

    아침에 배달된 신문에서 이 사진을 본 순간 가슴이 두근거렸다. 말의 모습에서는 감사의 마음이 느껴지고, 예쁜 소녀는 더없이 흡족하다. 어쩌면 소녀의 표정에 나타난 감정의 높이가 저리도 알맞을까. 사람의 얼굴이 들어간 사진 중에, 표정이 화면 속의 분위기와 맞지 않아서 버려지는 사진이 많은데 말이다. 감정의 높이가 높지도 낮지도 않은 표정이 사진을 아름답게 승화시키고 있다.

    말의 분홍색 혀가 소녀의 턱과 완만한 곡선을 이루며 밀착되어 있고, 소녀의 다문 입술이 말의 윗입술과 가볍게 닿아 있다. 셔터 타임이 기가 차다. 서로의 체온이 전해지고 있을 것이다. 눈을 지그시 감은 소녀의 표정과, 큰 눈이 동그란 말의 모습에서 서로에 대한 신뢰의 감정이 느껴진다. 소녀의 갈색 머리카락과 말의 색깔도 동질감을 나타내고 있다.

 두 생명 간의 믿음과 정이 없다면 이루어질 수 없는 장면이다. 자신을 돌봐 준 소녀에게 보내는 말의 감사하는 마음과, 그 마음을 느끼는 소녀의 심정이 잘 나타나 있다. 말의 혀와 소녀의 턱이 떨어져 있었거나 소녀의 입술과 말의 윗입술이 살짝 닿아 있지 않았다면, 또 소녀의 입술이 열려 있거나 소녀가 눈을 뜨고 있었다면 이런 감동을 주지 못했을 것이다.

 소녀와 말의 관계 외에 또 하나 숨겨진 그림이 있다. 사진사다. 말의 눈 속에 그 모습이 보인다. 사진을 찍은 사람도 이 아름다운 장면을 기록하며 무척 기뻤을 것이다. 그 짧은 순간을 포착하여 나를 비롯한 많은 사람들에게 감동을 준 사진 기자에게도 박수를 보낸다.

 사진은 소녀와 말과 사진사의 느낌이 하나가 되는 모습을 보여 주고 다시 감상자의 느낌까지 더해진다. 네 개체의 느낌이 한 곳에 모이는 그 곳이 바로 아름다운 감정의 정점이다. 이 정점이 분명한 사진이 큰 감동을 준다.

 이 사진은 인간과 동물과의 교감을 감동적으로 표현하고 있다. 사진을 하는 사람이 평생에 이런 사진을 한 장이라도 찍을 수 있다면 행운이다. 먼 나라에서 날아온 사진 한 장이 나를 행복하게 한다. 따뜻한 기운이 가슴에 가득하다. ❉

* 사진 출처: 샌타 바버라=AP연합, 「조선일보」

연밭 일기

올해도 연밭에 자주 갔다. 연꽃이 필 때는 물론이고 엄동에도 연꽃의 일생을 기록하기 위해 가곤 했다. 비가 오거나 흐린 날에도 가고, 맑은 날엔 새벽에 간다. 시간이 있고 체력만 된다면 날마다 가고 싶다. 연밭을 돌며 산책을 해도 좋고 산과 호수를 바라보기만 해도 좋다.

자연만큼 인간을 위로하는 것이 있을까? 화천 서오지리 연꽃 단지처럼 인간을 치유할 수 있는 많은 요소를 두루 갖추고 있는 곳이 또 있을까? 나는 그곳에 가면 늘 행복하다.

주변 산에서는 장끼랑 꾀꼬리가 목청을 자랑하고, 연밭에는 왜가리가 쉬어 가고, 물닭이며 오리가 새끼를 키운다. 큰 잉어가 물을 튀기며 힘자랑을 하고, 개미귀신이 연밭 주변 모래밭에 함정을 파놓고 우화(羽化)를 꿈꾼다. 봄에는 벚꽃, 여름에는 자귀나무와 회화나무가 꽃다발을 들고 방문객을 맞는다. 달맞이꽃과 개망초도 지천이다.

연꽃은 자비의 마음으로 화장을 한 고결한 여인처럼 향기로운 얼굴이다. 색과 향기의 조화에 감탄하고 그 자태에 넘어간 지 오래건만 아직도 연밭 주변을 서성인다. 남풍에 실려 오는 연향을 마시면, 내 마음 속에서 쉼 없이 일어나고 변화하던 일상의 감정들이 사라지면서 뇌리가 환해지는 느낌을 받는다.

향기에 휩싸인 채, 막 피어나는 연꽃에 앵글을 맞추고 카메라를 들여다

보고 있으면 가슴이 뛴다. 거의 갈 때마다 그랬다. 이 감동 없는 세월에 어느 누가 만날 때마다 내 가슴을 뛰게 할까. 벌들도 찾아와서 연꽃 속에서 한참씩 뒹군다.

연밭에 뭘 숨겨 놓았느냐고 놀리는 친구도 있다. 그도 분명 이른 아침 이슬이 맺힌 연꽃을 가까이서 보고 그 은은한 향기를 맡아 보면, 연밭에서 마냥 행복한 나를 이해할 수 있을 것이다.

가족이나 친구와 함께 가기도 하지만 혼자 갈 때가 더 많다. 그곳에 가면 동행한 사람을 잊어버리고 시간 가는 줄도 모르고 카메라를 들여다보기 일쑤다. 몰입의 상황인지 정신이 나간 건지 구분이 안 된다.

그리고 연꽃이 꽃잎을 오므려서 비나 이슬로부터 화심을 지킨다든지, 연자를 품은 봉오리가 태양 에너지를 많이 받기 위해 거의 모두 남쪽으로 향해 있다든지, 피기 시작할 때는 진했던 색이 점점 옅어지면서 환상적인 색을 띤다든지 하는 연의 생태를 알게 된 것도 연밭에 자주 간 덕분이다. 최근에는 찬물이 지속적으로 유입되거나 물이 깊어 뿌리 쪽에 냉기가 돌면 꽃을 피우지 못한다는 사실도 알았다.

날마다 연꽃 색이 변하고, 또 광선에 따라 색이 달리보이는 그 변화무상한 모습을 찍으려고 때를 가리지 않고 간다. 저 봉오리는 내일이면 피겠지, 오후 늦게 역광이 들겠지 하며 광선 상태를 예측해서 가기도 하고, 한창 많이 필 때는 날마다 간다.

사진을 찍고 집에 와서 컴퓨터에 옮겨 놓고, 제대로 촬영을 했는지 뒤돌아보는 시간을 갖는 습관이 있다. 꽃의 색이 기대했던 것과 다르거나 앵글이 평범해서 새로운 느낌이 없을 때, 그리고 셔터 타이밍이 좋지 않거나 배경이 정리가 안 된 사진을 발견하면 연밭으로 되돌아가서 다시 찍고 싶은 생각이 들 때도 있다.

  사진이 예술이기에 그 깊이와 높이를 가늠할 수 없고, 감동적인 사진을 얻기가 무척 힘든 일이지만, 우선 내 스스로 맘에 드는 사진을 찍고 싶어 자주 간다. 올해 찍은 연밭 사진을 블로그에 올려놓고, 매너리즘을 반성하는 마음으로 다시 보려 한다. 지인들과 블로거 님들과 함께. ❀

절부암(節婦岩)

절부암은 제주시 한림읍 용수리에 있다. 고씨 부인이 열아홉에 시집와서 행복하게 살고 있던 어느 날, 하늘이 무너지고 말았다. 죽도로 대나무를 베러 갔던 남편 강사철이 동료 두 명과 함께 풍랑에 휩쓸려 버린 것이다. 이틀 뒤 동료들의 시체는 조수에 밀려 포구로 되돌아왔으나 남편의 시신은 돌아오지 않았다.

식음을 전폐한 채 바닷가를 헤매며 남편의 시신을 찾았으나 헛일이었다. 부인은 빌었다. 절대적인 의미를 가진 모든 것에 무릎 꿇고 빌었다. 남편의 시신이라도 거두게 해 달라고 빌고 또 빌었다. 눈물에 젖은 옷소매가 달빛에 마르고, 그 옷이 다시 이슬에 젖었다. 그러나 애달픈 기원도 헛일인 양 남편의 시신은 돌아오지 않았다.

고씨 부인은 포구 옆 엉덕동산 고목에 목을 매어 자살했다. 죽은 남편 곁으로 가련다고. 진정 회자정리(會者定離)의 철리(哲理)를 모른단 말일까. 범부(凡夫)의 심사로야 죽음 저편에 있는 남편 곁으로 가겠다는 절부의 심정을 어찌 헤아릴 수 있겠는가. 그리고 두고 가는 인연과의 이별 또한 얼마나 가슴 무너지는 슬픔인지 어찌 짐작이나 하겠는가. 남편에 대한 사랑이 너무 커서 죽음으로 밖에 말할 수 없었을까.

고씨 부인이 죽은 뒤 이틀째 되던 날, 부인이 목을 맨 그 고목 밑에 남편의 시신이 밀려왔다. 마을 사람들은 생명과 바꾼 부인의 사랑에 하늘이 감동한 것이라 했다. 당시 판관 신재우는, 그 고목 옆 바위에 절부암이라고 새기고 자신의 직함과 이름까지 덧붙여 새겼다. 이것은 이조 말엽의 일이었고, 지금도 용수리 사람들은 해마다 음력 3월 보름이 되면 고씨 부부를 기리는 제사를 지낸다.

절부암 남서쪽엔 고산부도라 일컫는 차귀도·죽도·와도가 아름답게 떠 있고, 절부암 근처엔 나무가 우거지고 새들도 고씨 부인을 위로 하듯 맑은 목소리로 노래한다. 붉디붉은 동백꽃도 핀다. 동백꽃은 왜 따뜻하고 좋은 날들을 두고 하필이면 바람 찬 이 계절에 피는 걸까. 절부의 단심이 꽃잎에 배었는가. 왜 그리도 핏빛을 닮았는가. 원래 희거나 노랗던 꽃잎이 고씨 부인이 저 세상으로 간 그날 이후 이토록 붉어진 것인가.

절부암이 지금 주요 관광 코스에는 들어 있지 않다. 어쩌면 사람들이 북적거리는 그런 관광지로는 부적합할지도 모른다. 떠들며 보고 즐기는 곳이 아니라, 혼자 아니면 가족이나 연인끼리 찾아가 조용히 마음으로 느끼는 것이 더 잘 어울리는 곳이다.

이곳에 들를 때는 그저 그런 심사나 들뜬 마음은 말고, 쓸쓸함이나 아니면 행복을 데리고 가면 좋겠다는 생각이 들었다. 운이 좋으면 절부의 명복을 비는 마음에, 차귀도로 넘어가는 멋진 노을이 한 자락 스며들거나, 유채꽃 향기를 머금은 바람이 가슴 터지게 안겨 드는 그런 행운을 만날 수도 있을 것이다.

한 인간이 다른 사람을 위하여 목숨을 바치는 것은 얼마나 애처롭고 아름다운 일인가. 절부는 비록 가는 길이 죽음의 길이긴 하지만 사랑을 위한 길임을 안 까닭에, 얼굴에 애수의 그림자는 어리지 않았을 것이다. 어쩌면 저승에서 만난 남편과 함께, 자신이 무지개에다 사랑과 절개라는 굵은 동아줄로 맨 그네를 타며 이곳을 내려다보고 있을지도 모른다. 화관 쓴 모습으로, 많은 사람들이 찾아오고 해마다 동백꽃이 붉게 피는 모습을 보면서 미소 짓고 있을지도 모른다.

오랜 세월이 지난 지금도 한 여행객이 절부암에 서서 가슴 뜨거워지듯, 억겁이 지난 먼 훗날에도 많은 사람들이 절부가 죽음으로 가르쳐 준 사랑과 절개의 의미를 되새기며 감동하리라.

잠을 청하려고 침대에 누우니 밝은 달이 창에 턱을 괴고 내 방을 들여다보고 있다. 밤은 깊고 잠은 멀다. 별 뜬 하늘처럼 맑은 망막엔 옅은 해무에 싸인 고산부도의 풍경이 파도처럼 밀려오고, 그 위에 동백꽃이 오버랩 되면서 출렁인다. 절부암에 얽힌 사연을 되씹다가 내가 엮은 사유의 가닥에 내가 묶이어, 밤은 그만 길고 답답한 시간의 덩어리가 되어 버렸다.

가슴이 차가울 때 웃음이 나오지 않듯이, 이렇게 가슴이 뜨거울 때는 잠이 오질 않는 모양이다. 이 아름다운 이야기를 가슴속에 묻어 두고 오래도록 꺼내 보리라. ✿

사진 이야기

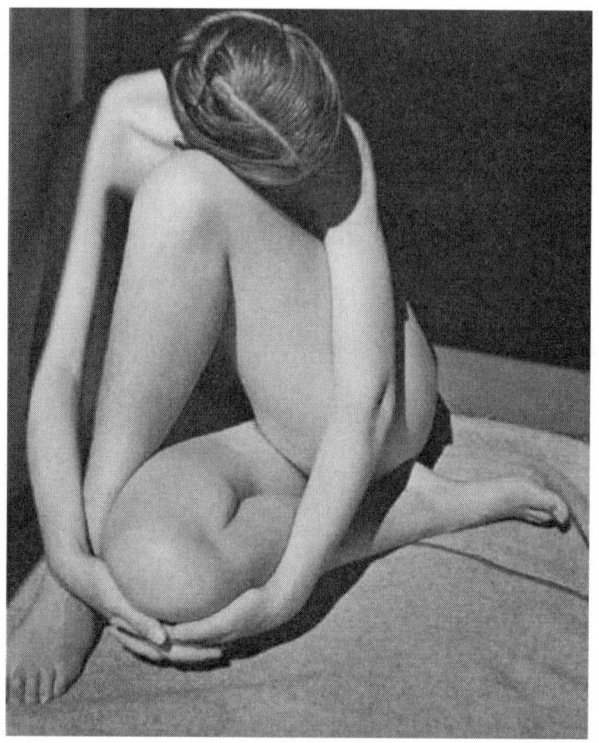

* 에드워드 웨스턴 작/1936년/흑백

   사진은 피사체를 찍는 게 아니고, 피사체에서 반사되어 나오는 빛을 기록하는 것이다. 빛의 예술이다. 그러므로 좋은 사진을 찍으려면 광선을 이해해야 한다. 광선을 이해한다는 말은 광선의 각도나 강약뿐만 아니라, 그 광선에 의해 생기는 그림자가 사진에 미치는 영향까지도 이해해야 한다는 뜻이다. 그러나 내가 어찌 그 빛의 세계를 온전히 이해할 수 있을까. 수많은 시행착오를 거듭하며 이해하려고 노력하는 중이다.

물론 카메라나 사진 전반에 걸친 메커니즘의 이해와, 소재의 선택·구도·표현 기법과 같은 예술적인 안목도 중요하다. 그러나 가장 기본적인 것은 광선이다. 사진은 오감 중에 오직 시각만으로 감동을 전하는 예술이고, 빛이 없으면 존재할 수 없는 장르다. 더구나 그림처럼 자신의 느낌을 직접적으로 넣거나 뺄 수가 없다. 같은 피사체라고 해도 빛의 상태와 구도에 따라 완전히 느낌이 다른 사진이 나오는 경우가 많은 것도 이 때문이다.

위의 사진은 미국의 사진작가 에드워드 웨스턴이 찍은 흑백 사진으로 내가 이 세상 최고의 누드 사진으로 생각하는 작품이다. 현재까지도 많은 사진작가들에게 누드 사진의 교범으로 회자되기도 한다. 어쩌면 여체를 이렇게 아름답게 표현할 수 있을까! 자연광을 이용한 사진인데 모델의 장점과 포즈가 극명한 조화를 이루고 있다.

실오라기 하나 걸치지 않은 모델이 가릴 곳을 전부 가리고 있는 포즈는 작위의 느낌이 들지 않아 감상자의 몰입을 방해하지 않는다. 뺄 수 있는 것을 모두 제거해 버린 간결함이 느낌을 에둘러 말하지 않고 직설적으로 전한다. 드러난 것보다 더 아름다운 것을 상상하도록 이끌지 못하면 좋은 사진이라고 할 수 없다. 이 사진을 보고 아무런 감동이 없다면 사진을 이해하지 못하는 게 아닐까.

톱라이트(Top Light: 머리 위에서 비치는 광선)에 가까운 사광(斜光)이 짧은 그림자를 만들고 있다. 만약 모델 전체의 그림자가 더 길어졌다면, 그리고 왼팔의 그림자가 힙(hip) 부분을 더 가렸거나 머리의 그림자가 왼쪽 어깨를 다 가려 버렸다면 사진은 좋지 않았을 것이다. 그림자의 중요성을 설명하고 있는 것 같다.

또, 검은 배경이 주제를 강조하고 있고, 어깨와 긴 두 팔이 그리는 원 속에 직선과 곡선이 안기듯이 들어 있다. 두 무릎을 감싸고 있는 그 모습이 포용의 의미를 내포하고 있는 것 같기도 하고, 두 다리 사이의 짙은 그림자가 이루는 검은 삼각형은, 안정감을 주는 동시에 아름다움이 숨겨진 비밀의 문으로 들어가는 입구 같은 느낌도 준다. 그리고 상체보다 상대적으로 강조된 하체가 풍만감을 나타내고 있다. 강한 생명력이 느껴진다.

모델 오른쪽 팔의 짙은 그림자는 언뜻 보면 흠같이 보이기도 하지만, 강한 어깨를 좁고 둥글게 만드는 동시에 팔을 가늘게 보이도록 해서 더 여성스럽게 표현하고 있다. 또한, 핀을 찔러 단정하게 붙인 머리카락과 자연스런 가르마의 조화도 좋고, 오른쪽 어깨 부근에 약간 드러난 쇄골과 보일 듯 말 듯한 오른쪽 귀는 아름다움을 살짝 숨겨 놓은 것 같다.

머리카락과 배경이 비슷한 톤이지만 머리카락에 반사되는 옅은 빛이 주제와 배경을 분리하고 있는 것도 좋고, 얼굴이 보이지 않는 것도 좋다. 얼굴이 보이는 경우에 가끔, 얼굴에 나타나는 감정의 높이가 주제와 조화를 이루지 못하여 감상자의 상상력을 차단시키거나 시선을 분산시키는 경우가 있기 때문이다.

상술(商術)이 외설을 예술로 팔아먹는 시절이다. 찍은 지 80년이 넘은 흑백 사진 한 장이 지금도 우리 눈앞에서 아름답게 빛나고 있다. 예술도 진실과 마찬가지로 그 생명이 무한하다. ✳

* 참고 문헌: EDWARD WESTON, 『EDWARD WESTON NUDES』, APERTURE, 83쪽, 마이크로렌즈 복사

나의 방앗간

여행을 좋아하는 나는 참새가 방앗간을 지나치지 못하는 것처럼 매번 들르는 곳이 두어 군데 있다. 강릉의 오죽헌과 남원의 광한루다. 비록 여행 일정이 빡빡하거나 날씨가 좋지 않을 때도 지나친 적이 거의 없다. 어떤 때는 꼭 가 보고 싶은 곳도 없으면서 방앗간에 들러 볼 속셈으로 그 근처를 여행지로 택하는 경우도 있다.

신사임당은 훌륭한 어머니의 상징으로, 춘향은 정절의 표상으로 내 마음에 각인되어 있다. 인류의 미래가 교육에 달려 있고, 윤리 도덕을 숭상하는 올곧은 정신이 인간의 우월성을 증명하는 것이니, 신사임당의 자녀 교육과 춘향의 정절은 우리가 배워서 실천하고 후대에 물려줘야 할 소중하고 아름다운 가치임에 분명하다.

나는 두 곳에 가면 느리게 걷는다. 느린 걸음은 깊은 생각 속으로 빠져들기가 좋다. 신사임당의 지혜로운 모성이 율곡을 대학자로 키운 일도, 세월이 흘러도 엷어지는 법 없는 춘향전의 향기도 음미하기에 좋다. 들를 때마다 감동을 받는다.

나의 방앗간은 사계절이 다 좋다. 그러나 내가 봄날에 자주 들러서 그런지, 아니면 모성과 정절의 의미가 봄의 느낌과 잘 어울려서 그런지, 대춘(待春)의 마음이 설렐 무렵부터 방앗간 생각이 나는 때가 많다.

봄바람이 댓잎을 흔들고 매화 향기 분분할 때 다시 오죽헌에 가 보고 싶다. 진달래가 피거나 모란이 필 때도 좋다. 그리고 신록의 버들잎이 훈풍에 가슴 설렐 때, 광한루에 들러 춘향이와 맞그네 타는 기분으로 그네도 한번 타 보고 싶다. 나의 여행은 방앗간 덕분에 더 즐겁고 행복하다. ✺

공중제비 소녀

　뉴델리에서 인도 여행의 첫날밤을 보낸 우리 부부는 승용차로 뉴델리 시내 관광을 했는데, 체구가 작은 인도 젊은이 둘이 운전과 안내를 분담하면서 동행했다.
　차가 신호등이 있는 교차로에 멈추자, 10살쯤 되어 보이는, 얼굴이 짙은 갈색이고 몸이 가녀린 소녀가 차창 옆으로 다가오더니 갑자기 공중제비를 넘기 시작했다. 신호를 기다리는 많은 차들 가운데 외국인이 탄 차를 용케 알아보고 우리 옆으로 온 것이었다. 차와 차 사이의 좁은 아스팔트 위에서, 체조 선수처럼 앞뒤로 서너 차례 공중제비를 넘었다. 뒤로 묶은 머리카락이 나풀거리고 있었다. 나는 눈을 뗄 수가 없었다. 위험하다는 생각은 금방 사라지고 능숙한 곡예에 감탄했다.
　공중제비를 끝낸 소녀는 나와 눈을 맞추고는 손을 내밀었다. 낡은 옷차림에 맨발이었고 손은 먼지투성이였다. 마른 체형에 손도 작았으나 큰 눈동자가 유난히 빛나고 있었다. 박시시* 소녀였다. 여행 중에 선물을 주려고 준비해 간 학용품을 호텔에 두고 온 생각이 났다. 그 순간 돈을 줄까 말까 망설였다. 그러나 여행을 떠나기 전부터 안내 책자를 읽어본 나는 소녀를 외면했다. 돈을 주면 어린아이들이 박시시에 재미를 붙여 학교에 가지 않는다고 했기 때문이다.
　신호가 풀리고 차들이 움직이기 시작했다. 소녀의 시선은 나를 떠나지 않았다. 차가 움직이는데도 계속 따라왔다. 차는 기어가듯 느리게 움직였다. 빨리 소녀와 멀어져 버렸으면 좋으련만 그 순간이 무척 길게 느껴졌다. 나는 창문을 내리지 않았고 한참을 따라오던 소녀는 포기했다. 차에서 멀어져 가는 소녀를 뒤돌아보았다. 혹시 재수 없다고 중얼거리며 침이나 뱉지 않을까. 그러나 얼굴엔 아무런 변화가 없었다. 원망의 눈빛도 불만의 말도 없는 평온한 얼굴이었다.

돈을 주든 말든 소녀는 자신의 할 일만 하고 있는 것 같았다. 문득 내가 이렇게 독한 사람인가 하는 생각이 스쳐지나갔다. 다시 뒤돌아보았다. 소녀의 모습은 뿌연 먼지 속에 묻혀 가고 있었다. 그 선한 눈망울이 하루 종일 나를 따라다녔다.

그날 밤 호텔로 돌아와 자려고 누웠는데 또 소녀의 모습이 떠올랐다. 후회했다. 이미 그 소녀는 학교에 가지 않고 박시시를 하고 있는 것을, 나만 돈을 주지 않는다고 박시시를 그만두고 학교로 돌아가지 않을 텐데……. 1루피도 좋고, 우리 돈 천 원이면 그 소녀의 하루는 아주 행복했을 수도 있었을 텐데…….

그 후 나는 한 달 가까이 인도 여행을 하면서 박시시에게 동전을 주기도 하고, 때로는 관광지 입구에서 불구의 몸으로 구걸하는 사람들에게 일부러 다가가서 돈을 전하기도 했다. 그렇게 생각을 바꾸고 나니 마음도 편하고 여행이 즐거웠다. 그러나 여러 해가 지난 지금도 나를 쳐다보며 손을 내밀던 공중제비 소녀의 그 검은 눈동자가 내 마음을 아프게 한다. ✽

---

  * 박시시: 원래 기부·후원금이란 의미를 갖고 있지만, 통상 구걸하는 사람을 일컫는다. 박시시 하는 사람들은 어른 아이 할 것 없이 부끄럽다는 생각은 하지 않는 편이고, 도와주는 사람들에게 복 지을 기회를 준다고 생각하는 경향도 있다고 한다.

피아노 위의 누드

가평 백둔리 계곡엔 봄과 여름이 팽팽하게 맞서고 있었다. 아침나절엔 봄이더니 한낮엔 여름이었다. 며칠 전에 온 비로 개울물 소리는 한층 높았고, 계곡은 촬영 대회 참가자들로 부산했다.

누드 촬영 대회에는 비속한 생각으로 참가하는 사람도 더러 있지만, 미적 감각이 뛰어난 사람들이 대부분이다. 그래서 나는 누드 촬영 대회를, 곡선의 아름다움을 알고 예찬하는 사람들이 모여서 벌이는 곡선의 축제라고 생각한다.

누드 촬영 대회는 사진 동호인들의 열기로 자칫 모델의 살갗이 델 정도로 뜨거웠다. 세 명의 모델이 왔었는데, 늘 느끼는 일이지만 완전한 사진 모델은 없다는 것을 이번에도 확인할 수 있었다. 회화 모델과 달리 사진 모델은 약점을 감출 수가 없기 때문에 몸매의 완벽성이 요구되게 마련이다.

키가 작고 다리가 근육질이거나, 힙이 가난하고 허리가 둔하거나, 몸에 점이 많고 흉터가 있거나, 가슴의 볼륨이 약해도 좋지 않다. 또한, 전체적인 곡선의 조화가 부족하거나, 얼굴이 곡선으로 채워진 화면의 분위기를 상승시켜 주지 못하는 경우, 그리고 모델이 표정과 포즈로 감정의 높이를 조절하지 못하는 때에도 앵글은 방황할 수밖에 없다.

특히, 성형 수술을 해서 볼륨은 크나 자연스럽지 못한 가슴이 눈에 거슬리는 모델은 찍고 싶은 마음이 싹 가셔 버리고 만다. 아마 성형 수술을 하는 사람들은 자연스러운 것이 가장 아름답다는 것도, 여체가 자연의 일부라는 것도 모르는 것이 아닐까. 부자연스러운 성형 수술은 돈을 들여서 아름다운 자연을 훼손하는 행위와 같다.

이번에도 그런 모델이 한 명 있었다. 세 명 중에 한 사람만 인기가 좋았는데 창작욕에 불을 지르는 완벽한 몸매는 아니었으나, 작은 체구이면서도 섬세하고 균형 잡힌 곡선을 갖고 있었다. 왼쪽 엉덩이의 검은 점 하나가 옥에 티였지만…….

모델이 개울물 소리만 걸치고 바위 위에 설 때 다시 깨달았다. 우리는 인간의 육체가 자연의 일부라는 것을 잊고 있다는 것을. 나부(裸婦)는 녹색 배경과 새들의 노래에 금방 녹아들었다. 곡선이 느리게 움직이자 환희의 물결이 계곡을 가득 채웠다. 태양도 제대로 보지 못한 듯 희고, 향기를 머금고 있는 꽃잎 같은 피부가 빛을 거부하듯 튕겨 냈다. 여체는 아름다운 자연의 일부임이 분명했다.

주간 촬영보다 야간의 실내 촬영은 열기가 더 뜨거웠다. 나도 누드 촬영 대회에 가끔 참가하지만 실내 촬영은 처음이라 기대가 컸다. 어둠 속에서 혼자 스포트라이트를 받고 있던 모델이 가운을 벗자, 섬세한 곡선으로 이루어진 모습이 드러났다. 마치 신비의 세계로 난 문을 살며시 열고, 곡선의 아름다움을 아는 선택된 자들을 초대하는 것 같았다. 세상에 이보다 더 아름다운 것이 있을까. 관음(觀淫)의 시선으로는 절대 이 아름다움을 보지 못하리라.

모델이, 바닥으로 떨어졌던 시선을 들어올리기 직전 두 손으로 한 부위를 가린 모습에 잠시 수줍음이 감돌 때, 응원의 박수를 보내듯 보조 광선이 켜졌다. 포즈의 시작을 알리는 것처럼 모델의 얼굴에 잠시 엷은 미소가 스쳐지나가고, 곡선이 느리게 움직이기 시작했다. 모델은 심각하거나 너무 풀어진 표정이 어울리지 않는다는 것을 알고, 표정의 온도를 적절하게 유지하려고 노력했다.

누드 사진은 곡선의 아름다움을 드러내어 상상을 불러오고, 그 힘을 빌려 느낌을 전하는 것이므로 화면 속의 직선은 도움이 되지 않는다. 나는 직선이 누드 사진에 들어가는 것을 금기시한다. 비록 그것이 인체의 일부라고 하더라도. 모델도 아름다운 곡선을 위해 직선을 숨겨야 한다는 생각을 하고 있는 것 같았다.

촬영은 조명과 모델이 바뀌면서 자정이 넘도록 계속되었다. 조명을 끄면 곡선은 입 속의 아이스크림처럼 어둠에 녹아 없어졌다가, 조명이 비치면 메마른 대지를 뚫고 돋아나는 새싹처럼 짙은 어둠을 뚫고 살아나곤 했다. 사진이 빛의 예술이란 것을 잊지 말라는 듯 빛과 어둠이 번갈아 가며 속삭였다.

약하고 푸른 조명이 모델을 비출 때는 나부가 달빛으로 몸을 씻는 듯했고, 붉은 색조의 강렬한 빛을 비추면 다스릴 수 없는 내부의 열정이 용암처럼 흘러나와 주변의 시선을 모조리 태워 버릴 것만 같았다.

열기가 고조되자 모델의 약점은 망각의 언덕을 넘어가고, 촬영자들은 쉼 없이 셔터를 누르고 있었다. 실내 촬영은 광선을 선택하고 조절할 수 있는 동시에 집중력을 높일 수 있는 장점이 있으나, 많은 사람이 참가하면 서로 방해가 되어 촬영을 제대로 할 수 없는 단점도 있었다. 옆의 사람들이 발로 내 삼각대를 건드리면서 나의 몰입을 방해하곤 했다.

촬영하는 사람들은 모두 비싼 장비를 갖추고 있었다. 어떤 이는 고급 렌즈를 장착한 세 대의 카메라로 찍고 있었다. 결정적인 셔터 찬스를 놓치지 않기 위해 그러는 모양이었다. 그러나 모두가 '좋은 사진'이란 목적지로 가고 있는 것은 아니었다.

그 순간에도 안목과 능력에 따라 포르노를 찍는 사람과 그저 그런 사진을 찍는 사람이 있는가 하면, 여체가 내뿜는 향기를 잡으려 애쓰며 멀고 먼 예술의 길로 방향을 잡고 조급해하지 않는 사람들도 있었다. 다른 때와 마찬가지로 그날도 관음의 시선 몇 가닥이 촬영장을 서성이기도 했다.

누가 검정색 그랜드 피아노 위에 누드모델을 올리려고 생각했을까. 음과 색과 선을 상징의 끈으로 묶을 생각을 한 이는 누굴까. 여체가 간직하고 있는 아름다움을 불러내어 좋은 사진을 찍으려는 기막힌 발상이다. 모델이 피아노 위에 올라갈 즈음부터 촬영 대회는 정점을 향해 숨 가쁘게 달려가고 있었는데, 그 정점에는 셔터 소리만 있을 뿐 말은 없었다. 누운 자세로 한 쪽 다리를 세우고 손을 뒤로 짚은 채 가슴을 위로 내밀던 모델이 몸을 뒤집자, 가슴 근처에서 맴을 돌던 곡선이 다리 쪽으로 흘러내리다가 풍요의 언덕에서 머뭇거렸다.

모델은 촬영자의 시선이 떠나거나 너무 빨리 지나가지 않도록 아름다운 선을 유지하려고 애를 쓰고, 촬영하는 사람들은 그 마음을 아는 듯 셔터를 눌렀다. 반영의 누드가 환상적인 분위기를 연출하며 카메라의 앵글을 빨아들이고, 피아노의 검은색과 흰 피부가 충돌하면서 자아내는 긴장감이 셔터 소리를 삼켰다.

여러 색의 조명이 번갈아 가며 비치자 피아노에서는 아름다운 선율이 흘러나오는 듯했고, 모델은 맨몸에 그 선율을 휘감고 꿈을 꾸는 듯했다. 검은 피아노에 반사되는 대칭 구도의 누드는 조명이 바뀌고 모델이 움직일 때마다 꽃이 피어나는 것처럼 보였다. 꽃보다 아름다운 꽃이 거기 있었다. 연주하지 않는 피아노 소리를 내가 듣는 것은, 나의 상상과 현실이 만나 하나가 된다는 의미일 것이다. 두 세계가 만나는 그 아름다운 공간에서 나는 행복했다.

청·록·적색의 약하고 강한 조명이 번갈아 가며 촬영장을 숨 가쁘게 달구다가, 다시 색이 제거된 보통의 빛이 들어와 열기를 식히며 쉼표를 찍곤 했다. 시곗바늘이 새벽을 향해 피곤한 걸음을 옮길 무렵, 촬영장의 열기가 잦아들기 시작했고 조명도 드디어 어둠에게 자리를 내주었다.

촬영을 끝내고 별들의 마중을 받으며 민박집으로 돌아왔다. 홀로 잠을 청했으나, 창문 옆 나무에서 소쩍새가 너무 큰 소리로 울어대는 바람에 밤을 지새우고 말았다. 바로 누웠다 모로 누웠다 하며 뒤척이는데, 촬영 장면들이 슬라이드처럼 지나갔다.

여명의 푸른빛이 가시기 전에 발자국 소리를 죽이며 나무 밑에 가서 살펴보았으나 새는 떠나고 없었다. 밤새워 운 소쩍새의 울음이 걸린 가지는 설움에 겨워 꺾어지고, 붉은 울음이 꽃잎처럼 떨어져 있을 줄 알았는데 아무런 흔적도 없었다. 오직 신록이 이슬 묻은 입술로 속삭이고 있을 뿐이었다. '좋은 계절이에요!'라고.

불일암에서

송광사 경내에 있는 산수유 고목이 막 꽃눈을 뜨기 시작하고 있었다. 고찰을 둘러보고 느긋해진 마음으로 불일암에 갔는데, 오솔길을 따라갔는지 새소리에 실려 둥둥 떠갔는지 모를 지경이었다. 숲속이 온통 새소리로 가득했다. 종류가 다른 새들이 이렇게 한꺼번에 노래하는 것은 처음 들었다. 내가 지금까지 들었던 새소리가 20인조 오케스트라였다면 지금은 한 100인조 오케스트라쯤 되는 것 같다.

갈림길이 나타나면서 이정표가 나를 반겼다. 나무 기둥에 'ㅂ'자와 연꽃 한 송이가 새겨져 있었고, 그 밑에 화살표가 왼쪽을 가리키고 있었다. 'ㅂ'자가 무슨 의미인지 잠시 생각하게 했지만, 그 'ㅂ'자가 불일암을 뜻한다는 것을 알아차리곤 입가에 미소가 떠올랐다.

법정 스님의 글을 읽어서 그런지 불일암에 도착하니 처음 온 것 같지가 않았다. 법정 스님께서 17년 동안 거처하시다가 떠난 후, 다른 스님 한 분이 계신다고 들었는데 암자 전체가 아주 정갈했다. 암자의 방문은 닫혀 있었고 스님은 안 계셨다. 느린 걸음으로 뜰을 거닐다가 만개한 청매(靑梅) 옆을 서성이며 예쁘다고 귓속말도 해 주었다. 확 트인 전경을 바라보니 내 마음도 넓어지는 듯했다. 나뭇잎으로 예를 갖춘 화장실도 둘러보았는데, 화장실엔 마른 낙엽을 담은 통이 있고 화장실 바닥은 낙엽으로 덮여 있었다. 수세식도 재래식도 아닌 낙엽 화장실이었다.

우물물을 한 모금 먹고 다시 뜰을 거니는데 문득 불전(佛錢) 생각이 났다. 절에 들르면 그냥 오지 말고 작아도 좋으니 꼭 불전을 올리고 참배하라는 아내의 말이 떠올랐다. 합장반배는 했지만 불전을 놓을 자리가 마땅치 않았다. 닫힌 문을 열고 들어가도 되는지, 불전함은 있는지 알 수가 없었다. 마루에 놓자니 날아갈 것 같고, 신발 속에 넣자니 예의가 아닌 것 같고, 이런 저런 생각을 하며 거니는데 뜰 한 쪽에 새들이 먹으라고 물을 담아 놓은 옹기그릇이 보였다. 주변에 새똥도 떨어져 있었다. 돌 위에 놓여 있는 물그릇을 들어보니 가운데가 약간 높게 생긴 돌이라 비가 와도 젖지 않을 것 같았다. 물그릇 밑에 놓으면 물을 갈아 줄 때 스님이 보시겠다는 생각이 들어 만 원짜리를 접어 돌 위에 놓고 물그릇을 원래대로 올려놓았다.

그러나 아직 이 지폐는 완전한 돈이 아니고 종이에 불과하다. 진정한 돈의 가치는 그것이 유용하게 쓰였을 때 정해지는 것이니까. 스님께서 필요할 때 돈을 사용하시거나, 아니면 물을 갈아주시다가 불전 놓을 자리가 마땅치 않아 여기다 놓고 갔구나 하는 생각이라도 하신다면 그때 이 종이는 돈이 될 것이다.

암자에 도착한 지 한 시간 가까이 지났는데도 사람 그림자 하나 보이지 않았다. 아쉬운 생각에 다시 뜰을 서성이다 청매 옆에 앉았는데, 마치 고결한 친구와 어깨를 나란히 하고 한 곳을 바라보고 있는 것 같았다. 매화와 내가 마음의 문을 활짝 열어 놓고 말하지 않아도 서로의 속내를 다 안다는 듯 교감하고 있는 것 같기도 하고, 산의 정기가 몸속으로 마구 밀려 들어 오는 느낌도 들었다.

그때까지도 산새들의 오케스트라는 경쾌한 음률로 겨울잠에서 덜 깬 나무들을 깨우는 중이었고, 훈풍과 댓잎도 정겨운 얘기를 나누고 있었다. 시간이 멈춰 버리면 좋겠다는 생각이 들었으나 이미 해가 긴 그림자를 끌며 서쪽으로 기울고 있었다. ❋

바라나시

이른 새벽, 소 울음소리에 잠을 깼다. 호텔 창문을 내려다보니 소들이 먹이를 달라고 울고 있었다. 집집마다 길가에 먹이를 내주었다. 소들은 한가롭게 먹이를 먹고 자동차와 오토바이가 바쁘게 지나다니는 도로를 걸어 다니기도 하고, 여기저기 똥을 싸기도 했다. 그러나 어느 한 사람도 소를 괴롭히는 사람은 없었고, 미운 눈길을 보내는 사람도 없었다. 소를 신성시하는 힌두교도가 아닌 사람들까지도 소를 공동체의 일원으로 생각하는 것 같았다.

인도는 과거와 현재가 공존하는 곳이다. 종교의 나라고, 신들의 나라다. 그리고 사람과 짐승이 함께 사는 자연의 나라다. 대도시의 골목마다 소와 개가 없는 골목이 없고, 작은 도시나 농촌에서는 염소와 돼지도 울타리 없는 곳에서 사람들과 함께 살고 있었다.

한 달 간의 여정 중에 사흘 동안 바라나시에 머물면서 새롭고 다양한 문화를 많이 접했다. 인도 여행을 꼭 해 보라고 권한 사람들의 마음도 알 수 있었다. 내 생각과 삶이 비좁은 틀 안에 갇혀 있다는 것과, 나의 경제적인 위치가 빈한 쪽이 아니라 여유 쪽에 있다는 것도 알게 해 주었다.

인도 사람들이 신성시하는 갠지스강은 유장하게 흐르고 메인가트엔 많은 사람들이 붐볐다. 악기를 연주하거나 빨래를 하는 사람, 손님을 기다리는 사공과 거리의 이발사도 있었고, 꽃 파는 소녀와 박시시들도 관광객들과 부지런히 눈을 맞추고 있었다.

　도저히 몸을 담글 수 없을 것 같은 탁한 강물에 몸을 담그고, 그 물로 세수도 하고 입을 부시는 사람들도 많았다. 이 강물에 몸을 담그면 모든 죄가 씻겨 나간다는 믿음이 많은 사람들을 바라나시로 부르고 있었다.

　우리 일행 중 지은 죄가 하나도 없을 것 같은 20대 중반의 아가씨 한 명도 이른 새벽 그 물에 전신을 담갔다. 일행 중에 나이가 가장 많고 죄도 많이 지었을 게 분명한 나는 몸을 담그지 못했다. 감기며 피부병에 걸릴지도 모른다는 온갖 핑계가 떠올랐다. 새로운 문화를 받아들일 용기가 부족했다.

　오전엔 일행과 잠시 헤어져 배를 타고 갠지스강을 유람하면서 즐거운 시간을 보냈다. 우리 부부와 사공, 그리고 안내원이 작은 배에 몸을 싣고 몇 마디의 영어와 몸짓 발짓으로 언어 장벽을 허물면서 소통하는 것도 재미있었다. 사공과 안내원은 경쟁이 치열한 가운데 손님을 만나서 기분이 좋았고, 우리 부부는 새로운 풍경에 취해 행복했다. 날씨도 화창했다. 노 젓는 소리와 물결이 박자를 맞췄다. 강을 건너가서 드넓은 모래밭도 거닐어 보고, 조그만 병에 기념으로 모래도 담아 왔다.

　맞은 편 강가엔 윗옷을 벗고 빨래하는 남자들이 많았다. 자기 옷을 빨래하는 것이 아니고 세탁업을 하는 사람들이었다. 모두 남자였는데 태양에 그을린 몸이 단단해 보였다. 물에 적신 빨랫감을 마치 도리깨질 하듯 돌에다 메치는 동작을 반복하고 있었다. 신기한 듯 바라보고 있는 나에게 안내하는 사람이 행복하냐고 물었다. 행복하다고 했더니 자신도 행복하다고 하면서 환하게 웃었다. 처음 만난 이방인들이 오랜 친구 같았다.

사공은 하류로 내려갔다가 올라올 때 노천 화장장이 잘 보이는 강변 가까이 노를 저어 주었다. 여러 곳에서 동시에 화장을 하고 있었는데 화장장의 평화로운 모습이 내 눈을 의심케 했다. 우리의 화장장과는 분위기가 너무 달랐다. 가족들도 우는 사람은 없었고, 맨발에 윗옷을 벗은 일꾼들도 편안한 얼굴이었다.

남자는 흰 천, 여자는 붉은 천으로 시신을 싸서 세 번 강물에 담근 후 화장을 한다는데, 쌓아 놓은 나무 양의 차이가 컸다. 나무가 비싸서 가난한 사람은 많이 구하지 못한다고 했다. 가난은 저승 가는 일도 힘들게 하는 모양이다. 나무 더미 위에 시신을 누이고 그 위에 다시 나무와 꽃을 올리고 불을 붙이면, 천은 금방 타 버리고 발이 보이는 경우도 있다고 했다.

너무나 평온한 화장장의 모습을 보면서 죽음이란 육신의 옷을 갈아입는 것과 다르지 않다는 말이 떠올랐다. 영혼이 헌 육신을 버리고 새 육신을 만나러 가는 것에 불과하니 통곡할 일도, 안타까워 할 일도 아닌 것이다. 충격적인 장면들이 생각을 바꿔 놓아서 그런지 나도 마음이 편했다. 시신을 휩싸고 돌던 불꽃과 연기가 마치 영혼을 데리고 가듯 하늘로 말려 올라가고 있었다. 사공은 사진 촬영이 금지되어 있다고 말하고, 대신 자세히 보라는 듯 천천히 노를 저어 강을 거슬러 올라갔다.

일몰 무렵엔 낮에 각자 흩어져서 관광을 하던 일행 11명이 모두 상류 쪽 아씨가트까지 가서 목선을 전세 내어 타고 메인가트로 내려왔다. 소원을 빌면서 유등도 띄우고, 인성 스님의 목탁 소리에 맞춰 반야심경 독경도 했다. 독경 소리는 어둠이 짙어지는 갠지스강 물 위로 번져 나갔다.

내가 자가 면역 질환에 걸렸을 때 아무도 살 수 있다고 한 사람이 없었는데, 이 먼 인도의 바라나시까지 와서 여행을 하다니……. 병명을 찾지 못하고 죽음을 생각하던 순간들이 스쳐가며 눈물이 핑 돌았다. 살아있다는 것 자체가 행복이란 말을 실감했다. 나뿐만 아니라 일행 모두가 행복해 보였다. 그 모습을 확인시키듯 유등이 언뜻언뜻 일행의 얼굴을 비춰 주었다.

우리 일행이 인도까지 와서 한 배를 타고 모색이 아름다운 갠지스강을 유람하는 것은 아마, 겁을 두고 맺은 소중한 인연 덕분일 것이다. 배는 노를 젓지 않아도 하류로 흘러가고, 어둠이 짙어지자 강변 마을의 등불이 하나둘 살아났다. 강물은 멈춘 것 같으면서 조용히 흐르고 있었다. 작은 목선을 타고 있었지만 이상하리만큼 마음이 편했다.

천천히 하류로 가고 있는데 사람들의 웅성거리는 소리가 들리면서 배들이 보였다. 우리보다 먼저 메인가트에 도착한 수십 척의 배들이 유람객들을 태운 채 힌두교의 뿌자 의식이 펼쳐지고 있는 강변에 오밀조밀 떠 있었다. 우리가 탄 배도 가까이 다가갔다. 옆으로 길게 펼쳐진 축제장의 모습이 한 눈에 들어왔다. 짙은 어둠이 내린 갠지스강의 배 위에서 보는 의식은 장관이었다. 힘이 느껴지는 절도 있는 동작과 성스러운 분위기에 취해 시간 가는 줄 몰랐다.

우리 일행은 배에서 내려 가까운 곳에서 뿌자 의식을 보면서 사진도 찍었다. 이국의 밤은 깊어가고 수많은 별들이 바라나시를 내려다보고 있었다. ✺

후회

　사진 클럽 회원들과 함께 제주 한림읍 근처 중산간 도로변에 차를 세워 두고 사진을 찍었다. 돌담과 코스모스와 푸른 하늘이 그림처럼 펼쳐진 풍경 위로 가을바람이 지나가고 있었다.
　제주 특유의 화산석 돌담이 둘러쳐진 조밭에서 머리에 흰 수건을 쓴 할머니가 혼자 조를 베고 계셨다. 베어 뉘어진 조와 무거운 이삭을 달고 고개 숙인 채 서 있는 조가 대비를 이루고 있는 가운데, 새를 쫓으려고 세워 둔 깃발이 펄럭이고 하오의 태양이 따뜻한 시선으로 내려다보고 있었다. 조밭의 풍경에다 푸른 하늘과 구름 한 조각 끌어다 넣으면 좋은 사진이 될 것 같았다.
　일행 중 한 명이 할머니에게 사진을 찍어도 되겠느냐고 양해를 구했다. "이 늙신네 찍엉 뭐 허젠" 하며 쑥스러워 하셨다. "용돈 드릴쿠다" 하고 말하자 할머니는 엷게 웃으셨다.
　할머니를 모델로 사진을 찍으며 저마다 포즈도 요구했다. "할머니, 눈을 아래로 보세요, 하늘을 보세요, 이쪽으로 보지 마시고 낫질을 하세요, 땀 한 번 닦으세요" 하며 일하시는 분을 너무 귀찮게 했다. 찍고 또 찍고 셔터 소리가 끊이질 않았다. 할머니가 힘들어 보였다.
　우리는 쉬시는 할머니 주변에 둘러앉아 이런 저런 얘기를 나누었다. 할머니는 느린 말투로 말했다. 하나뿐인 아들이 장가도 못 가고 두어 달 전에 술병으로 죽었다는 것, 오래전에 세상을 뜬 남편에게 대를 잇지 못한 죄를 지었다는 것, 오늘은 신발이 떨어져 신발 살 돈을 벌려고 남의 밭에 품 팔러 나왔다는 등의 얘기를 하면서 눈가에 이슬이 맺혔다.

얘기가 더 계속되면 할머니가 그만 섧게 울어 버릴 것 같았다. 괜히 사진 찍겠다고 힘들게 일 하시는 할머니를 슬프게 했다는 생각이 들어 미안했다. 우리는 화제를 바꾸어 할머니의 기분을 풀어 드리려고 노력했으나 할머니는 별 말이 없으셨다.

카메라 렌즈를 통하지 않고 가까이서 직접 본 할머니의 모습은 더없이 초라했다. 작은 체구에 옷은 남루하고 신발은 해어져 있었다. 검은 흙먼지가 묻은 마르고 주름진 손이 무릎 위에 놓여 있었다. 가난에 찌든 세월이 아주 오랫동안 그 손을 틀어잡고 놓아주지 않은 모양이었다. 얼굴은 세월이 할퀴고 지나간 듯 깊은 주름으로 덮여 있었고, 그 주름은 마치 할머니의 일생을 포위한 질기디질긴 고난의 그물처럼 보였다.

선한 인상이 마음을 더욱 무겁게 했다. 우리는 할아버지와 할머니를 모델로 사진을 찍을 때 그랬던 것처럼, 몇천 원씩 거두어 할머니께 용돈을 드리고 다른 곳으로 촬영을 떠났다. 그날도 할머니의 고난의 삶은 아랑곳없이 하늘은 높고 푸르기만 했다.

집에 돌아와 가족들에게 할머니 얘기를 하는 도중에 내 잘못을 깨달았다. 지갑 속에 돈이 없었던 것도 아닌데 왜 그냥 왔을까. 그때 지갑을 털어 드렸더라면 신발을 여러 켤레 사거나 식사를 몇 끼 해결하거나 하면서 그 돈을 나보다 더 긴요하게 쓸 수 있었을 텐데 말이다. 할머니의 선한 얼굴이, 주름진 손이며 해진 신발과 겹쳐 보이면서 가슴이 저렸다.

그 후 내가 제주를 떠나 육지로 이사 오기 전 수년간, 한림 쪽으로 갈 때마다 혹시 할머니를 만날 수 있을까 하고 일하시던 조밭 부근과 이웃 마을을 서성거렸다. 마을 사람들에게 물어보기도 했다. 그러나 만날 수 없었다. 근처 마을에 사시는 할머니가 아닌 듯했다.

가난이 부끄러운 것은 아니다. 그러나 가난한 이웃을 외면하는 것은 부끄러운 일이다. 나는 그때 왜 그랬을까. 지금 할머니는 어떻게 살고 계실까. 어쩌면 세상을 떠나셨을지도 모른다. 수년 전의 일이 지금도 뇌리에 생생하다. 마음의 얼룩으로 남아 오래도록 지워지지 않을 것 같다. ✺

여행

　여행은 낯선 환경에서 오는 감동으로 영혼을 세탁하는 일이다. 여행지에서는 내가 관심을 갖지 않으면 사람도 풍경도 그냥 지나가 버리고 만다. 새들처럼 자유롭다. 내가 손을 내밀면 낯선 사람들과 풍경이 아무런 선입견 없이 내게 다가온다. 오로지 내가 하고 싶고, 보고 싶고, 먹고 싶은 것만 선택해서 즐길 수 있다.

　아름다운 풍광이며 그곳 사람들이 그리는 낯선 삶의 모습을 접하기도 하지만, 색다른 음식과 말과 정서까지도 경험할 수 있다. 여행 가방을 챙길 때부터 옷가지나 면도기와 함께 따라온 가벼운 호기심도, 낯선 것에서 오는 설렘도 여행의 묘미를 더해 준다.

　특히, 혼자 하는 여행은 내 자신을 들여다볼 수 있는 좋은 기회다. 스스로 내면을 들여다보는 것은, 헝클어진 생각의 가닥을 바로잡거나 약해 빠진 의지의 고삐를 다잡을 수도 있고, 반성과 발전의 계기가 될 수도 있다. 남의 잘못은 잘 보면서 자신의 잘못을 모르는 사람이나, 자신만 생각하는 이기적인 사람을 깨워 회초리처럼 아픈 삶의 반성문을 쓰게도 하고 무한의 자유가 고독이라는 것도 알려 준다.

　'나 홀로 여행'도 하다 보면 익숙해진다. 자유로움이 몸에 배면서 서서히 불편함이 없어져야 여행의 묘미를 느낄 수 있다. 자신과의 대화나 자연과 나누는 얘기도 점점 쉬워진다. 남의 눈치를 보거나 말을 골라서 할 필요가 없다. 이성으로 하는 대화가 아니고 감성으로 하는 대화다. 순수한 느낌만 주고받을 뿐이다. 그 느낌을 카메라에 담고 가슴에도 적는다.

여행에서 얻은 느낌의 씨앗을 가슴에 묻어두고 불리면, 때로는 글의 단초가 되기도 하고 추억이 자라기도 한다. 나는 이것을 글의 종자를 받는다고 얘기하는데, 거기에 관심의 물을 주면 싹이 돋고 자란다. 가끔 잘 자라면 한 편의 글이 되는 수도 있다.

기대하지 않았던 일이 그렇듯이, 나는 한 번도 여행 후에 실망한 적이 없다. 꽃이 피거나 단풍이 아름다운 계절은 물론이고, 스트레스가 쌓여도 떠나고 싶어진다. 부정의 에너지도 긍정의 에너지와 마찬가지로 나를 여행으로 이끄는 수가 더러 있다. 여행을 좋아하는 성향도 있고 일상에서 벗어나는 홀가분한 기분에 끌리는 이유도 있지만, 늘 새로운 모습으로 나를 반겨주는 여행지에서 스스로 치유되고 행복한 나를 만날 수 있어서 자주 간다.

여행을 떠난 후 하루 이틀 시간이 흐르면 집에 대한 그리움도 자란다. 돌아갈 곳이 있다는 안도감도, 반겨 줄 가족이 있다는 생각도 덤으로 얻는 기쁨이다. 그리움이 가족의 소중함을 일깨워 주고 감사하는 마음까지 선물한다.

오래 전에 들렀었지만 아직도, 단풍이 고운 천불동계곡이나 제주의 유채밭에서, 그리고 사랑의 의지를 확인할 수 있었던 타지마할이나 정절의 향기가 가득한 광한루에서 느꼈던 감동의 순간들을 잊을 수가 없다. 그래서 국내 여행은 갔던 곳을 다시 찾는 경우도 많다.

특히, 50대 중반 계급 정년으로 퇴직할 날이 가까워 오고 있을 무렵에 떠난 동해안 여행은 잊을 수가 없다. 훌륭한 선배 동료들이 인품이나 직무 능력의 유무와 전혀 무관하게 인맥의 부재라는 한 가지 이유만으로 직장을 떠나는 것을 보고 서글펐는데, 나도 같은 처지에 놓이게 되니 허무한 생각이 들었다.

그 무렵 혼자 동해안으로 여행을 떠났다. 한계령을 넘고 수평선이 휘어 보일 정도로 드넓은 바다와 바닷가의 작은 마을, 낮게 엎드린 오래된 집과 좁은 골목, 순박한 어부들의 일상 등을 접하면서 내가 나를 보았다. 지금의 직장이 나를 필요로 하는 곳, 내가 하고 싶은 일을 할 수 있는 곳이 아니란 자각이 눈을 떴다.

그때 내가 자유로운 삶을 꿈꾸고 있다는 것을 알았고, 퇴직하면 하고 싶은 일을 마음껏 할 수 있겠다는 생각이 들면서 마음이 가벼워졌다. 나를 묶고 있던 미련의 끈이 느슨해지자 가슴 깊은 곳에서 의욕의 새싹이 올라오기 시작했다. 집에 돌아와서 퇴직 후에 하고 싶은 일들을 적어 보며 내 삶을 마무리하기에 좋은 기회라는 생각을 했다.

이른 봄 남쪽으로 가서 매향에 흠뻑 젖어오는 일도 큰 기쁨이다. 스트레스를 말끔히 날려 버리고 집으로 돌아오는 그 여행이 좋아 해마다 다녀온다. 내가 살고 있는 춘천보다 빨리 봄이 오는 하동·광양·남원·담양·남해·통영·거제는 봄마다 내가 자주 찾는 곳이다. 남쪽으로 가서 봄을 즐기고 춘천으로 와서 다시 봄을 맞으니 나의 봄은 긴 편이다.

여행에서 돌아오면 얼룩지고 땀내 나던 내 영혼이, 어릴 적 어머니가 빨아서 텃밭 나무 울타리에 널어 말리던 옥양목처럼 희다는 느낌이 들 때가 있다. 햇볕과 바람이 지나가며 말려 놓은 옥양목에서 풍기는 냄새가 신선했다. 가끔 고추잠자리가 앉아서 여유를 즐기는 일도 있었다. 내 영혼에 그 신선한 냄새와 고추잠자리의 여유가 오래 머물면 좋겠다.

여행은 늘 나를 위로하고 격려한다. 성 아우구스티누스는 "세계는 한 권의 책이다. 여행하지 않는 자는 그 책의 단지 한 페이지만을 읽을 뿐이다"라고 말했다.

4. 행복테크

느낌

느낌이란 원래 이슬처럼 맑고 진실한 것인데, 글이나 그림으로 표현하다 보면 흐려지거나 군더더기가 붙기 쉽다. 느낌은 현의 진동과 같은 영혼의 파문이다. 나는 주로 꽃이나 문학·예술 작품에서, 그리고 아름다운 풍경이나 순수한 사람으로부터 좋은 느낌을 선물 받는다. 특히, 순정의 향기는 내게 직접 날아오지 않는 것까지도 나를 설레게 한다.

느낌에 공명이 일어나면 감동이다. 그 감동을 남에게 전하려면, 풀잎에 맺힌 새벽이슬을 순수의 잔에 받아 권하듯 해야 한다. 예술이든 문학이든 감동을 전하는 모든 것은 진실과 순수성이 생명이다. 지나친 목적의식이나 욕심은 물론이고 예의나 염치까지도 이 순수성에 흠집을 낼 수 있다.

무관심하거나 느낌이 없다면 그 대상은 무의미하다. 죽은 것과 다름없다. 그래서 사랑의 반대가 무관심이라고 말하는지도 모른다. 느낌은 살아 있다는 징표이고, 좋은 느낌으로 감동을 받으면 그것이 바로 기쁨이요 행복이다. 그 감동은 돈으로 살 수 있는 그 어떤 것보다 소중하다.

내 경험에 의하면, 순수한 사람은 감성 지수가 높고 눈물과 웃음이 많았다. 잘 느끼고 감동한다. 그 눈물과 웃음은 혼탁해지는 영혼을 끊임없이 씻어 내며 정화 작용을 한다. 그래서 이성의 방해만 받지 않는다면 감성의 우물은 흐려지지 않는다고 생각한다.

현악기가 오염되거나 눅눅해지면 공명이 일어나지 않듯이, 마음이 맑아야 공명이 일어나고 그래야 감동도 크다. 그 감동이 문학과 예술의 원천이고 그것을 다른 사람에게 전하는 것은 보람되고 멋진 일이다. 그래서 우리는 예술이나 문학, 그리고 많은 사람들에게 감동을 주는 뛰어난 재능을 동경하고 소중하게 여긴다.

   천상병 시인이나 셰익스피어처럼, 김연아 노래를 잘 하는 가수들처럼 남에게 감동을 줄 수 있다면 얼마나 좋을까. 나도 글이나 사진으로 나의 감동을 남에게 전할 수 있으면 좋겠다.

연습하기

　모르는 사람의 음식값을 몇 번 내준 적이 있다. 고랭지 배추를 사러 평창에 와서 중국집에서 음식을 드시던 할아버지 세 분과, 홍천 근교의 휴게소에서 해장국을 먹으며 나에게 길을 자세하게 알려준 총각으로 보이는 트럭 운전사, 그리고 직장 동료들과 함께 식사를 할 때, 옆에서 혼자 짜장면을 들고 계시던 할아버지 등등. 모두 검소한 옷차림이었고 드신 음식도 저렴한 것이었다.
　본인들이 모르게 돈을 내고 내가 먼저 식당을 나오긴 했지만, 혹시 사람을 낮추본다며 불쾌해하지나 않을까 염려가 되기도 했다. 문득 음식값을 내주고 싶은 생각이 들어서 앞뒤 따지지 않고 한 행동이지만, 과연 잘한 일인지 정확한 판단이 서질 않았다. 그런데 직장 동료 몇 명이 자신들은 그런 생각을 못했다며 칭찬을 했고, 음식값을 지불하는 나를 대하던 식당 주인들의 웃음 띤 얼굴을 보면 그리 잘못된 일은 아니라는 생각이 들었다.
　돌이켜보니 그런 날마다 나는 무척 행복했다. 마음의 모서리는 평소보다 더 둥글고 따뜻했다. 그때부터 사소한 것이긴 하지만 나누는 연습을 하기 시작했다. 바늘 도둑이 소 도둑 되는 것처럼, 좋은 일도 자꾸 하다 보면 습관이 생긴다는 것을 알게 된 것이다.
　행복하려면 좋은 일을 하는 연습을 해야 한다. 연습은 용기를 불러오고 용기는 실천으로 이어진다. 주는 연습, 배려하는 연습, 말을 귀담아 듣는 연습, 칭찬하는 연습, 화내지 않는 연습, 은혜에 보답하는 연습, 웃는 연습, 용서하는 연습, 긍정적으로 생각하는 연습, 남과 비교하지 않는 연습, 베푼 것을 잊는 연습, 정의나 진리의 편에 서는 연습…….

이런 여러 가지 연습이, 부족한 내 자신을 더 나은 인간으로 변모시키는 계기가 되고 자신감과 자긍심도 심어 줄 것이라고 믿는다. 어느 누구라도 연습하지 않고 곧바로 능숙해질 수는 없다. 예순이 넘은 지금에야 확실하게 알았다. 선행도 습관이 되도록 꾸준한 연습이 필요하고, 인생은 연습하기로 더욱 아름다워질 수 있다는 것을.

인연의 보물찾기

인생은 인연의 보물찾기다. 사랑과 우정과 좋은 이웃과 같은 보물을 찾는 여정이다. 초등학교 소풍 때, 선생님이 나뭇가지나 돌 밑에 숨겨 놓은 종이쪽지를 찾아 학용품과 장난감을 타던 보물찾기의 추억이 아직도 생생하다. 못 찾아도 서운하지 않고 찾으면 너무나 행복했던 그 추억. 머리가 희끗희끗한 지금도 나는 설레는 마음으로 보물찾기를 한다. 인연의 보물찾기다.

인연이 인생을 아름답게도 하고 고통스럽게도 한다. 신뢰가 부족하거나 물과 기름 같은 인연은 에돌아가는 게 좋다. 그런 사람과는 아무리 많은 시간을 함께 보낸다고 해도 아름다운 삶의 무늬를 그릴 수가 없다. 오히려 고뇌를 동반하거나 에너지를 약화시키는 수가 많다.

나의 경우 사는 곳이 바뀔 때마다 새로운 보물을 찾는 수가 많았다. 유년 시절을 보낸 고향 영천, 학창 시절을 보낸 대구, 그리고 군대와 공무원 생활을 하면서 서울·제주·춘천에서 만난 사람들이 내 보물 목록에 골고루 섞여 있다. 그래서 평생을 한곳에서 사는 것보다 여러 곳에서 살아 보는 것도 좋겠다는 생각을 한다. 사람이나 풍광이 낯선 곳에 가면, 뭔가 새로운 즐거움이나 보물 같은 인연을 만날 수 있지 않을까 하고 기대하는 버릇이 있다.

그런데 이미 맺은 악연은 어떻게 해야 할까. 악연에는 무관심이 최고다.

돌부리에 걸려 넘어졌다고 그 돌부리를 걷어찰 필요는 없다. 증오나 복수는 오히려 나를 상하게 할 뿐이다. 물을 주지 않으면 화분의 꽃이 시들어 버리듯이, 무관심이 악연으로 생긴 상처를 치료하는 묘약이다. 일부러 멀리하려고 애를 쓰는 것도 좋지 않다. 그러면 그럴수록 오히려 잊히지 않게 된다. 악연에 시간과 에너지를 빼앗기는 것은 어리석은 일이다. 결국엔 망각의 무덤에 묻어 버려야 한다.

아름다운 인연에는 삶의 고뇌를 녹이는 향기가 나고, 즐거움과 믿음의 열매도 익는다. 고독·슬픔·고뇌를 달래 주고 나의 잘한 일과 조그만 성과를 칭찬하며 늘 관심을 가져 주는 사람, 나의 사상을 신뢰하고 정서에 공감하는 사람은 일생의 보배다. 그들 덕분에 내가 행복하다. 평생에 좋은 사람을 만나는 것보다 더 소중한 일은 없다.

인연의 보물은 간직하는 일도 중요하다. 인연은 살아 있는 생명체와 같다. 베란다에서 꽃을 가꿀 때, 햇볕을 쬐어 주고 물과 거름을 주면서 정성을 다하면 향기로운 꽃을 피우듯이, 인연도 정성을 다해야 꽃을 피운다. 덕과 관심과 배려가, 인연을 가꾸는 햇볕이요 물이요 거름이다.

오늘도 기대한다. 나의 정의와 자비와 사랑의 마음에 용기를 주는 사람, 아름다운 일생을 살도록 응원하면서 채찍질해 줄 사람을 만날 수 있기를.

내 행복의 근원이 소중한 인연임을 안다. 내가 사랑하고 아끼는 사람, 나를 사랑하고 아끼는 사람들이 행복하도록 돕는 것이 일생의 보람이다. 그 소중한 인연이 향기로운 꽃을 피우도록 최선을 다해야겠다. ✽

『무소유』

　나는 법정 스님의 『무소유』를 여러 번 읽었다. 나온 지 오래된 책이지만 요즘도 가끔 이 책을 읽으며 헝클어진 마음을 가다듬곤 한다. 접고 줄 친 곳이 한두 군데가 아니다. 여기서 무소유는 갖지 말라는 말이 아니고, 너무 많이 갖지 말고 필요한 것만 가지라는 말이다.
　낮고 편안한 목소리로 삶에 긁힌 우리의 마음을 어루만져 주는 조그만 책이다. 아둔한 인간의 영혼을 때리는 회초리가 숨어 있다. 욕망의 불을 끄고 가야만 다다를 수 있는, 행복에 이르는 길을 따라가기 쉽게 안내한다. 맑은 영혼이 피워 올리는 향기에 취하고 감동했다. 가슴에 품고 살아야 할 지혜가 가득하다.
　많은 돈을 들여 해외여행을 시켜 주는 것보다, 이 책을 읽어 볼 수 있는 기회를 주는 것이 더욱 보람된 일이 될 수도 있겠다는 생각이 들어 여러 사람에게 선물했다. 읽어 보지 못한 사람은 운이 없다는 생각이 든다. 스스로 판 욕망의 늪에 빠져 허우적거리는 우리의 마음을 말갛게 헹궈 주는 책인데 말이다.
　김수환 추기경님은 생전에 "이 책이 아무리 무소유를 말해도 이 책만큼은 소유하고 싶다"고 하셨다. ✽

부러운 사람

한쪽 부모만이라도 살아 계시는 사람
용서하는 힘이 큰 사람
이 세상에 존재하는 것 자체만으로 여러 사람에게 기쁨을 주는 사람
읽은 책과 웃음으로 집안을 장식하는 사람
문학이나 예술 아니면 다른 재능으로 감동을 주는 사람
매화 꽃길을 자주 걷는 사람
권력과 부(富)와 명예에 초연한 자세로 삶을 즐기는 사람
순박한 사람들과 교류가 많은 사람
고독의 에너지를 잘 쓰는 사람
무엇에 집착하지 않는 사람
불의를 응징하고 정의를 지키는 일에 망설임이 없는 사람
마음껏 여행하는 사람
국가의 미래를 짊어질 인재 양성에 전념하는 사람
남의 실수나 부끄러움을 숨겨 주려는 마음이 몸에 밴 사람
인류의 평화와 행복을 위해 헌신하는 사람
경청의 자세가 습관이 된 사람
많은 사람들의 추앙을 받는 성직자
사소한 것에도 감사할 줄 알고 행복을 느끼는 사람

소중하고 아름다운 것을 지키는 일에 열정적인 사람

드러내지 않고 남을 돕는 사람

우주 · 인체 등의 신비를 밝혀내는 사람

좋은 일을 남에게 양보할 줄 아는 사람

첩첩난관에도 꿈을 포기하지 않는 사람

생명을 위협하는 권력의 압력이나 억만금에도 정조(情操)를 팔지 않는 사람

큰 부나 권력을 갖고 있으면서도 겸손한 사람

지난 일과 다가올 일을 걱정하지 않는 사람

사랑을 위해 왕관을 버릴 수 있는 사람

버려진 애완동물을 돌보는 사람

행복을 전염시키는 사람

이런 사람들이 부럽다. 그리고 이분들은 나에게 아름다운 마음이 솟아나도록, 마음의 향기를 잃지 않고 이 세상에 도움 되는 사람이 되도록 끊임없이 일깨워 준다. 보고 느끼며 본받으려고 노력하지만 부족하다. 이분들이 풍기는 덕과 인품의 향기와, 내 영혼에 빠지지 않을 물을 들인 부모님의 가르침이 늘 나를 채찍질 한다.

이 부러운 분들은 비록 권세나 큰돈이 없고, 사회적 평판이 높지 않은 사람이라고 하더라도 하나같이 마음의 저울에 달면 엄청나게 무거웠다. 진심과 인품의 무게일 것이다. 나는 그 무게를 사랑한다. 내 일생에 아름다운 부분이 조금이라도 있거나 부끄럽지 않았다면 이런 분들 덕분이다. ✽

감성에 대하여

🍀 감성의 눈

내가 어릴 때만 해도 감성이란 말은, 변하기 쉽고 나약한 심성을 나타내는 말 정도로 인식되면서, 이성이란 말에 비해 푸대접 받았다. 그런데 근래에 감성을 수치화하는 감성 지수 EQ가 생겨나고, 학자들은 자녀들을 감성이 풍부한 사람으로 키우라고 권한다. 감성의 중요성에 대한 인식이 확산되고 있다.

감성이 눈을 뜨고 있으면 언제든 아름다움을 볼 수 있다. 사물이나 풍경, 또는 순간적인 어떤 상황까지도 감성의 눈과 마주치면 기쁨과 감동을 불러오기도 하고, 글이나 예술의 씨앗이 되기도 한다. 감성의 눈은 이성의 눈이 미처 보지 못한 한쪽을 섬세하게 느끼고 관찰하면서 상상력을 일깨워 준다.

그러나 감성이 눈을 감으면 기쁨도 슬픔도 없는 회색의 감정 상태가 되고 만다. 모든 게 그저 그렇고 그런 상태, 이것이 감성 부재의 상태다. 꽃에 비유하면 색도 예쁘지 않고 향기도 없는 꽃과 흡사하다. 사랑이나 정도 감성의 산물이다. 사람의 마음을 움직이는 것은 이성보다 감성 쪽이다.

이성의 눈은 남을 의식하면서 긴장하기 일쑤지만, 감성의 눈은 오로지 부드러운 시선으로 자신만의 세상을 본다. 그 눈은 따지거나 분별하지 않는다. 그리고 반짝일 때는 여유 있고 부드럽고 행복하다. 삶에 부대끼어

가랑잎처럼 메말라 버린 가슴까지도 촉촉하게 적셔 준다.

그래서 이성은 육체의 양식을 구하는 능력이고, 감성은 영혼의 양식을 구하는 능력이라고 생각한다. 그렇다면 결국 감성의 빈곤이 행복의 가난 아닐까?

나는 좋아하는 음악을 듣거나 책이나 영화를 보다가, 또는 여행 중에 감성의 눈이 자주 반짝이는 느낌을 받는다. 그리고 나를 향해 가슴을 열어 놓은 사람들과 대화를 나눌 때나, 훈풍이 볼을 스치고 지나갈 때, 꽃이나 솔(松)의 향기를 맡을 때도 감성의 눈은 반짝인다. 단풍이나 백설이 온 산천을 물들일 때도 마찬가지다.

아름다움을 보는 것은 이성의 눈이 아니고 감성의 눈이다. 감성의 눈이 반짝일 때, 나는 꽃 속에서 꿀을 따는 벌처럼 콧노래를 부른다.

🍀 감성 에너지

나는 수도꼭지 정도는 아니라도 눈물이 많다. 감성적이고 감각적인 인간이다. 원래 그렇게 태어났는데, 어머니가 일찍 돌아가신 일이 또 상처가 되어 감성의 크기가 커진 것 같다. 책이나 영화를 보다가 또는 슬픈 얘기를 듣다가 얘기하는 사람과 함께 주책없이 운 적도 여러 번이다. 가족과 어릴 적 얘기를 하다가 엄마 생각이 나서 울기도 했다. 나의 경우 눈물은 그리움의 용천수이거나 느낌의 넘침이다.

그러나 위험하거나 외부에서 다가오는 힘든 상황 때문에 운 적은 없다.

그 때는 오히려 정의와 의리에 불타는 편이다. 군 생활 초기에 줄빠따를 맞고 엉덩이에 피가 나도 눈물은 나지 않았다. 그때 우는 친구들도 있었다.

나는 감정이 말랑말랑한 상태에서 눈물이 날 때가 많다. 또, 한번 눈물이 터지면 잘 멈추지 않을 때도 있다. 그래서 그런지 영화도 슬픈 것보다는 코믹한 것을 좋아한다. 고였던 눈물이 흘러내려서 눈물 창고가 어느 정도 비어야 멈추는 것 같다. 부끄러운 생각이 든 적도 있으나 이젠 개의치 않는다.

동심처럼 맑은 시를 많이 쓴 박용래 시인이나 여러 유명한 분들도 눈물이 많았다는 얘기를 들었다. 이어령·최인호 두 뛰어난 작가 분은 함께 슬픈 영화를 보고 울어서 얼굴에 너무 표시가 나는 바람에 영화관의 불이 꺼질 때까지 기다렸다가 나온 적이 있다고 했다. 나는 일부러 슬픈 영화를 피하는 편이었는데 이런 얘기를 들은 뒤부터 나 말고도 그런 사람이 많구나 하는 생각이 들면서 위안이 되었다. 내가 잘못 보았을 수도 있지만, 글 쓰는 사람 중에 눈물이 메마른 사람은 거의 보지 못했다.

나는 눈물이 없는 사람을 좋아하지 않는다. 그런 사람 중에는 이기적이고 동정심이 부족한 사람이 많았고 웃음도 적은 편이었다. 특히, 눈물 없는 여성을 싫어하는데 왠지 정서가 메마르고 마음이 차다는 생각이 들기 때문이다. 눈물과 웃음으로 자신의 감정을 표현하는 것은 지극히 인간다운 것 아닌가? 기쁠 때 웃고 슬플 때 우는 것은 가식 없는 인간의 솔직한 감정 표현 아닌가? 또 한편으론 눈물이 마음을 말갛게 헹궈 준다는 느낌을 받을 때도 있다.

나만의 생각인지는 모르겠으나, 이 눈물과 내가 좋아하는 일을 할 때 일어나는 에너지가 밀접한 관계에 있다는 느낌이 여러 번 들었다. 글을 쓰거나 사진을 찍을 때 나타나는 몰입의 근저에 감성이 자리하고 있다는 생각이 들기도 하는데, 나는 그것을 감성 에너지라고 생각한다. 그렇다면 눈물은 가슴 속에서 끓고 있는 감성 에너지의 용암이다. ❀

꽃잎

동화 작가 정채봉 님은 생전에 심장 쪽 셔츠 주머니에 수첩을 넣고 다녔는데, 그 갈피에 작은 꽃잎 한 장을 간직하고 있던 사연을 자신의 동화집 『처음의 마음으로 돌아가라』 후기에서 밝혔다.

전철에서 우연히 만난, 자신의 동화를 좋아한다는 아가씨가 준 것이라고 했다. 오랫동안 사귀던 남자 친구와 헤어졌다며 금방이라도 울 것 같은 그녀를 애써 달래주면서, 자신이 수첩 속에 넣고 다니던 시를 적은 쪽지를 주었는데 그때 그녀가 꽃잎을 주었다고. "사람의 손때가 묻지 않았어요. 하늘하늘 떨어지는 것을 책을 펼쳐 들고 받았으니까요" 하면서 수첩을 펴 들게 하고는, 책갈피 속의 벚꽃 잎을 입김으로 살짝 건네주었다고.

나는 이 이야기를 읽고 맑은 마음의 샘물을 흠뻑 뒤집어쓴 것 같은 느낌을 받았다. 그리고 우리가 무의미하게 생각하고 지나치는 조그만 삶의 행위 자체도 저마다 소중한 의미를 갖고 있다는 것을 알았다. 제아무리 삭막한 세상이라도 마음먹기에 따라서는 아름답게 살 수도 있겠다는 생각이 들었다.

50대 중반

고은리(춘천시 동내면) 들녘은 가을 마중에 한창이다. 고추잠자리도 바쁘고 코스모스는 즐겁다. 참새들은 말이 많다. 벼는 햇볕을 고마워하듯 고개를 숙인 채 가을바람과 정겨운 얘기를 나누고, 벼논 가운데 피 몇 포기가 고개를 꼿꼿하게 세우고 있다.

문득, 50대 중반을 절기에 비교하면 복더위가 물러간 백로·추분 무렵일 것 같다는 생각이 들었다. 좋은 계절이다. 달리 벼에 비유하면 낟알이 영글면서 고개를 숙이기 시작하는 이맘때일 것이다.

열망이나 사랑이, 초가을의 더위처럼 차분해진 50대 중반이 되면, 익은 벼가 그러하듯 사람도 인간의 냄새가 나야 한다. 때늦은 열망에 사로잡혀 우왕좌왕하거나, 진실성이 결여된 인연에 얽매여 시간을 허비할 때가 아니다. 자기완성을 위해 매진해야 한다.

50대 중반을 지나고 있는 내 인생도 남은 세월이 지나온 날보다 짧다는 자각이 뇌리를 쳤다. 건강하고 즐겁게, 그리고 아름답게 사는 것 이외의 일들은 삼가야겠다는 생각을 했다. 되씹어 생각해 봐도 그렇게 사는 것이 지혜로운 삶일 것 같다. 이 나이에 큰돈을 벌려고 아등바등하거나, 남과 경쟁을 하는 것은 순리가 아니다.

자연을 가까이 하면서 마음의 평화를 회복하고, 세상을 향해 손을 내밀면서 바쁘게 살아오느라 잃어버린 마음의 온기를 되찾아야 한다. 마음의 평화와 온기를 되찾지 못하면, 행복을 누리는 것은 고사하고 맑고 균형 잡힌 시각도 가질 수 없다. 그러면 결국 자신과 세상을 올바르게 인식할 수 없을 뿐 아니라 자기완성의 길도 요원하다.

자기완성이라는 말에는, 용서와 겸양의 미덕을 갖추는 내적 성숙뿐만 아니라, 소중한 인연을 잊지 않는 일과 이웃의 행복을 도우면서 자신의 행복도 키워가는 그런 삶도 포함된다. 나의 완성은 나 개인만의 것은 아니다. 저마다 특성을 지닌 나무들이 모여 조화로운 숲을 이루듯, 나도 아름다운 세상을 만드는 하나의 요소가 된다는 것을 의미한다.

50대 중반은 인생에서 중요한 시기다. 만약 이 나이에 세월을 허비하면, 힘이 없어 고개는 꺾이고 쭉정이가 태반인 벼이삭 같은 인생이 되고 말 것이다. 들판을 뒤덮은 하오의 햇볕이 두껍다. 나의 가을에도 아직 코스모스가 한들거리고 고추잠자리가 날아다닌다. ❉

행복테크

재테크란 말이 있고 시테크란 말도 있다. 휴테크(休tech)나 행복테크란 말도 쓴다. 재산을 늘리는 것을 재테크라 하고, 일하는 시간이나 여가 시간을 효율적으로 활용하는 것을 시테크·휴테크라고 하니까, 행복을 쟁취하기 위한 수단과 방법 전체를 행복테크라고 표현해도 좋을 것 같다.

행복은 기쁨이고 편안함이다. 그리고 즐거움이고 만족이다. 이 작은 조각들이 모여서 행복의 퍼즐을 맞춘다. 순간이 아니라 오래도록 더 큰 행복을 누릴 수 있는 방법을 모색하는 것이 행복테크다. 그러면 행복테크의 가장 중요한 요소는 무엇일까.

관점에 따라 차이는 있겠지만, 건강을 유지해서 몸과 마음이 바로 설 수 있도록 하는 것, 덕과 사랑으로 좋은 인연을 가꾸면서 더불어 사는 것, 긍정적인 생각으로 꿈을 키우며 자신의 발전과 더 좋은 세상을 위해 노력하는 것, 욕심을 줄여서 가슴속에 행복이 들어올 공간을 만드는 것, 끊임없이 성찰하고 양심을 지켜서 근심에서 벗어나는 것, 이런 것들이 행복테크의 주요 요소라고 생각한다.

물론 보편적인 삶을 영위할 수 있는 경제력도 필요하고, 자유와 평등과 같은 기본권을 누릴 수 있는 사회적 환경도 필요하다. 그러나 이런 것들은 행복테크의 부수적인 요소에 불과한 게 아닐까. 왜냐하면 행복은 마음속에 있으니까.

가난한 나라 부탄의 행복 지수가 잘 사는 나라들보다 더 높은 것을 봐도 짐작할 수 있다. 분명 물질적인 궁핍이 불행은 아니다. 나만이 아니라 모두가 행복하기를 바라는 마음, 남이 잘 되어야 나도 잘될 수 있다는 긍정적인 생각으로 가득한 대승적 삶이 그들을 행복하게 하는 게 분명하다. 자비와 사랑을 품은 마음 그 자체가 행복이 솟아나는 샘이다.

많은 사람들이 추구해 마지않는 권력이나 부(富)도 결코 행복테크의 중요 요소라고 할 수는 없다. 그것들은 자체가 가진 힘에 비례하는 책무, 즉 이 세상을 더 아름답게 만들거나 살기 좋은 곳으로 만들어야 하는데, 그것을 실천하지 못하거나 등한시하면 오히려 불행의 씨앗이 될 수도 있다. 덕이 없는 권력자를 추종하던 많은 사람들이 일시에 등을 돌리거나 부자가 욕을 먹는 경우가 허다하다.

부와 권세를 쥔 사람들이 국가나 사회를 혼란에 빠트리거나 많은 사람을 불행하게 할 수도 있고, 인내와 의지의 고삐를 늦춰서 자기 발전의 기회를 놓칠 수도 있다. 부나 권력에 취해 자만과 아집이 마음의 눈을 가려 버리면 전체를 보지 못하거나 남을 생각하지 못하는 반쪽의 인간이 되기 쉽다.

우리는 이미, 책임감 없는 권력이나 부도덕하거나 횡재한 부가 차라리 갖지 않음만 못하다는 것을 알고 있다. 얼마나 다행인가. 제아무리 큰 권력이나 많은 돈으로도 사거나 빼앗을 수 없는 것이 행복이다.

🍀 건강과 양심은 일주문을 지탱하는 두 기둥처럼 일생을 떠받치는 근간인 동시에 행복의 양식(糧食)이다.

건강은 몸과 마음을 지키고 양심은 영혼을 지킨다. 인간의 가장 강력한 욕망인 생존 욕구가 흔들리는 곳에 행복은 없다. 건강을 잃으면 모든 것을 잃는다는 말이 있다.

양심을 지키지 못한다면 행복을 누릴 수 없다. 존재의 의미까지도 상실하고 만다. 양심이 생각을 바로 세우지 못한다면, 생각 없는 짐승보다 우월하다고 할 수 없다. 양심을 지키면서 인간답게 살고 있다는 자긍심 자체가 행복이다.

🍀 행복테크의 주체는 자신의 마음이다.

모든 것이 마음먹기에 달렸다는 말이 있듯이 행복도 그렇다. 경쟁해서 쟁취하는 것이 아니고 자각하는 것이다. 정해진 조건도 상대도 없다. 어떤 환경에서 무엇을 갖고 사는가가 문제가 아니라, 어떻게 생각하며 사는가가 관건이다. 자신의 처지가 어떻든 마음먹기에 따라 누릴 수도 있고 잃을 수도 있으니 마음을 다스리는 일이 가장 중요하다. 결국 행복하다고 생각하는 사람은 행복하고 불행하다고 생각하는 사람은 불행하다.

한 가지 경계해야 할 것은 집착이다. 집착은 스스로 마음을 감옥에 가두는 짓이다. 고통의 시작이요, 행복의 끝이다. 꿈을 망가트리고 의지의 화살을 빗나가게 한다. 집착을 벗어난 자유로운 마음에 행복이 깃든다.

🍀 긍정적인 생각이 행복의 밑거름이다.

마음의 평화 없이 행복할 수 없고, 긍정적인 생각이 없다면 마음의 평화도 만족도 누릴 수 없다. 긍정이 감사하는 마음도 불러온다. 시인 타고르는 "감사의 분량이 행복의 분량이다"라고 했다.

긍정 심리는 무한한 에너지를 갖고 있다. 영혼을 보호하는 동시에 스트레스를 이겨낼 수 있는 힘을 주고 건강도 지켜 준다. 꿈을 갖게 하고 창조적인 능력을 발휘하도록 한다.

🍀 이기심과 지나친 욕심이 마음속에서 행복을 몰아낸다.

모든 불행은 이기심에서 온다는 말이 있다. 자신이 갖고 있거나 누리는 것은 보지 못하고, 갖고 싶은 것만 생각한다면 행복은 부지불식간에 달아나고 만다. 인색한 마음엔 머물지 않고, 남을 생각하는 마음에 둥지를 튼다. '음성 꽃동네' 창설자 오웅진 신부를 감동케 한, '걷지 못하는 동료에게 줄 밥을 구걸해서 깡통을 두드리며 다리 밑으로 가는 거지'는 행복하고, 수천억의 비자금을 숨겼다가 발각된 전직 대통령은 잠을 못 이루고 한숨을 쉬고 있을 것이다. 행복은 남을 생각하는 마음에서 피어나는 꽃이다.

🍀 꿈을 갖고 자신이 하고 싶은 일을 마음껏 하면서 삶을 즐겨야 한다.

그 일들이 자신의 소질과 능력에 맞고 보람된 일이라면, 그 보람이 다시 삶의 에너지가 되는 선순환의 즐거움을 누릴 수 있다. 몰입할 수 있다면 더할 나위 없다. 하고 싶은 일을 하는 자만이 열정에 불을 붙일 수 있고, 열정에 불타는 자는 행복하다. 그러면 자연스럽게 성공의 길로 접어들 수도 있다.

꿈이 없는 것은 행복의 자격 미달이고 삶의 의미를 잃어버린 것이나 마찬가지다. 일도 여가도 즐거움이 없다면 행복을 누릴 수 없다. 지금 행복해야 한다. 시간은 되돌릴 수 없고 행복은 저축할 수 없다.

나는 공무원 퇴직 후에 연금으로 생활하면서 하고 싶은 일만 주로 하고 있다. 퇴직 전엔 생각할 수 없던 일이다. 평생에 이렇게 자유로운 때가 없었다. 한가하고 자유로운 생활이, 분주하고 경사졌던 마음을 편안하게 해 주었고, 독서와 여행 시간이 많아지면서 자연스레 사고(思考)의 확장이 일어나는 경험도 했다. 더 넓고 아름다운 세상이 보였고 자신을 들여다 볼 수 있는 기회도 늘었다. 이런 생활이 너무 좋아서, 경험의 소중함을 몰라주는 직장에서 나이 많다고 천대받고 있는 친구들에게 조기 퇴직을 권하기도 했다.

특히, 큰 병에 걸려 죽을 고비를 넘기고 살아난 다음부터 세상을 보는 눈이 더 긍정적으로 바뀌고 욕망의 부피도 많이 줄었다. 당연하게 생각하던 것들에 대해 감사하는 마음도 생겼고 가족이나 친척, 나를 아끼는 사람들의 소중함을 뼈저리게 느꼈다. 아집의 담장이 무너지는 소리도 들었고, 가치관과 삶의 목표도 달라졌다. 그 경험이 행복으로 가는 대로를 알려 주었다.

여행·글쓰기·사진을 할 때는 즐겁고, 나들이가 뜸한 겨울철에 목공예를 할 때는 땀이 나도록 근육을 움직이면서 몰입할 수 있어서 좋다. 원목의 향기만으로도 여러 날 행복하다.

🍀 비록 조그만 것이라 할지라도 가진 것이나 재능을 나누는 것은 행복으로 가는 지름길이다.

남들에게 자가 면역 질환을 극복한 나의 경험담과 건강 상식을 알려줄 때는 보람을 느낀다. 강의가 끝나고 힘찬 박수 소리를 들으면 가슴 가득 기쁨이 차오른다. 내가 찍은 사진이나 직접 만든 목공예 소품들을 선물할 때도 기분이 좋다.

무주상보시(無住相布施)라는 말대로 베풀었다는 생각 없이 나누어야 행복을 누릴 수 있다. 대가를 바라지 않는 봉사 활동이 행복감을 주는 것도 같은 맥락이다. 행복은 스스로 마음의 온기를 느끼는 것에 다름 아니기 때문이다.

🍀 또한, 행복은 증오와 복수의 마음에 흔적 없이 녹아 버린다.

증오와 복수의 칼날은 자신의 가슴을 먼저 찌른다. 그래서 용서는 상대보다 먼저 자신을 용서하고 마음의 평화도 선물한다. 행복을 더 크고 튼튼하게 하는 동시에 세상까지도 따뜻하게 한다. 용서하지 못하는 사람은 용서 받을 자격이 없다. 조시 빌링스는 '용서처럼 완전한 복수는 없다'고도 했다.

🍀 남과 비교하는 마음에 행복은 멍이 든다.

인생은 오직 자신만의 색과 향기를 지닌 독창적인 것이므로, 남들과 비교하지 말고 긍정적으로 생각해야 한다. 부도덕하거나 남에게 피해가 되지 않는다면, 지나치게 남을 의식하거나 객관적인 잣대로 본성을 속박하는 일은 바람직하지 않다. 더구나 모방으로 자아의 위대한 모습을 허무는 것은 아둔하기 짝이 없는 일이다.

인간은 누구나, 우월한 면과 열등한 면을 함께 지니고 있고 자신만의 무한한 능력을 갖고 있다. 열등한 면을 비교하지 말고, 자신의 능력과 소질을 계발하면서 꿈을 향해 전진해야 한다.

아울러 정의와 선행의 실천, 그리고 진실성은 남들의 사랑과 관심을 불러오는 동시에, 사랑받을 수 있는 사람이라는 자부심을 갖게 해 준다. 결국, 더 훌륭한 사람이 될 수 있다거나, 이 세상에 유익한 사람이라는 존재감의 확인 없이는 행복을 누릴 수 없다.

🍀 행복은 강변의 돌멩이처럼 다양하다.

모양이 다르고 크기의 제한도 없다. 그러나 는개에 옷이 젖듯이 작고 사소한 것에서부터 비롯되는 것은 분명하다. 꽃향기 한 가닥에도, 새 소리 한 음절에도 행복은 숨어 있다. 정겨운 마음 한 조각이나 말 한마디에도 스며 있고, 따뜻한 눈길 한 올에도 묻어 있다. 살아 있는 것도 행복이고 먹을 음식이 있는 것도 행복이다. 사소한 것에서 자주 기쁨을 느끼는 사람이 진정 행복한 사람이다.

목숨을 걸고 화재 현장에서 여러 사람의 생명을 구한 의인이 당연한 일로 생각하는 인터뷰 기사를 볼 때도, 날씨가 좋아서 산책이나 일광욕을 할 수 있을 때도 기분이 좋다. 계절 따라 산색이 변해 가는 모습을 바라보거나 꽃향기를 맡을 때도 기분이 상쾌하다. 원두커피를 내리거나 선물을 포장할 때, 친한 사람들과 차를 마시며 얘기를 나누거나 식사를 함께 할 때도 즐겁다.

집에 손님이 오기 전에 꽃을 사 와서 화병에 꽂고 있는 아내를 바라볼 때도, 서울에 가 있는 딸이 제 할일 열심히 하고 있다며 활기찬 목소리로 전화를 걸어올 때도 행복하다. 행복은 모든 순간에 존재한다. 마음의 촉수만 살아 있다면 언제 어디서든 느낄 수 있지만, 거창한 것에서 찾다 보면 평생 찾지 못할 수도 있다.

🍀 행복은 홀로 피는 꽃이 아니고 어울려 피는 꽃이다.

고독이 성찰과 승화의 길을 안내하기도 하지만, 그것이 행복의 길이라고 할 수는 없다. 좋은 사람들과 함께 즐겁게 어울려 사는 것이 행복이다. 키에르케고르는 "행복의 90%는 인간관계에 달려 있다"고 했다.

나 혼자 즐겁고, 나 혼자 잘 사는 것은 아무런 의미가 없다. 나는 전체 속에 있는 하나의 존재이고 전체가 없으면 나도 없다. 무인도에서 혼자 100년을 산다고 한들 무슨 소용이 있겠는가?

삶에서 덕과 사랑보다 더 소중한 것은 없다. 인생을 아름답게 만든다. 많은 사람들이 두뇌의 영리함과 재능을 뽐내거나 그에 열광하고 있을 때, 혹은 부나 권세의 단맛에 빠져 있을 때, 지혜로운 사람은 덕을 쌓고 사랑을 베푼다. 덕과 사랑이 없는 가슴에 행복이 자랄 수 없고, 그런 사람을 존경할 자도 없다. 행복은 덕의 거울에 비치고, 사랑의 마음속에 피어난다. 스스로 덕과 사랑을 갖춰야 하고, 그런 사람들과 함께 세월의 천을 짜야 한다. 분명 아름다운 무늬가 새겨질 것이다.

인간관계를 좋게 만드는 동시에 덕의 길로 안내하는 요소들이 있다. 겸손과 친절과 진심이다. 겸손과 친절은 상대를 감동시키고 그 감동은 다시 내게 행복으로 되돌아온다. 그리고 진심이 없으면 인연의 꽃은 피어날 수 없다.

오만하고 불친절한 사람을 누가 가까이할 것이며, 진심이 없는 인간에게 어느 누가 관심을 갖겠는가? 그 척박한 마음 밭에 어떤 아름다운 인연의 싹이 트겠는가? 권세를 가졌거나 돈이 많다고, 얼굴이 잘생겼거나 학벌이 좋다고 우쭐대는 사람들은 행복이 뭔지도 모르면서 살기가 쉽다. 허세였다는 걸 깨닫는 순간, 허무하게도 남들의 차가운 시선에 포위당한 자신을 보게 될 것이다. 재화나 권력에 마음을 빼앗기면 사람이 보이지 않고, 사람이 보이지 않으면 불행의 늪에 빠지고 만다. 불행이란 사람을 보는 눈이 멀어 버린 것과 다름없다.

🍀 가족과 친척, 이웃과 아끼는 사람들이 행복할 때 내 행복도 더 향기로워진다.

행복은 나눌 수도 있고 전염도 되기 때문이다. 내가 사랑하고 아끼는 사람들을 어떻게 행복하게 해 줄 수 있을까 하고 생각하는 그 순간부터 행복은 이미 내 것이다.

내가 남의 관심과 존경과 사랑을 받는 것도 행복이지만, 남을 행복하게 하는 것 또한 행복테크의 한 방법이니 행복테크에 성공하면 그것이 바로 인생의 성공이다. 그러나 분명 내가 행복하지 않으면 남을 행복하게 할 수 없고, 내 주변 사람들이 불행하면 나도 행복할 수 없다. 행복테크에 성공하고 싶다. ✺

무사명과실(無使名過實)

"실질 이상의 평가를 받지 않도록 하라."

좌우명이란 말을 처음 사용한 후한의 학자 최원(崔瑗)의 좌우명 중 한 구절이다. 뇌리 속이 환해지는 느낌을 받았다. 얼마나 성찰하고 어느 정도의 인품을 갖추면 이런 귀한 말을 생각해 내고 실천하려고 노력할 수 있을까.

오래 전부터 "남의 단점을 말하지 말고, 자신의 장점을 자랑하지 말라. 남에게 베풀었으면 생각하지 말고, 은혜를 입었으면 잊지 말라(無道人之短 無設己之長 施人愼勿念 受施愼勿忘)"는 최원의 좌우명을 명심하고 있었는데, 최근에 그 뒤에 따라 나오는 무사명과실이란 말을 접하고 또, 감동을 받았다.

있는 그대로 평가받고 그 평가를 수용하지 못한다면, 자신의 위치나 수준을 알 수 없고 발전하기도 어렵다. 틀린 좌표로 목표 지점을 찾는 것과 마찬가지다. 하물며 과시야 말해 무엇 하겠는가. 혹시 과장된 평가에 현혹되어 나를 좋아하거나 본받고 싶은 사람이 생긴다면 얼마나 부끄러운 일인가. 좋든 나쁘든 지나친 평가는 부담이 되고 그것이 발전에 장애가 된다. 착각을 불러와 기왕의 성취와 미래를 망가트릴 수도 있다. 구름 속에 살지 말고 땅을 딛고 살라는 말이다. 허세와 교만에 끌려가는 정신을 깨우는 회초리요, 인간에게 주는 멋진 충고다.

덕을 숭상하고 인격의 완성을 원하는 자나, 성공과 행복을 꿈꾸는 사람은 이 말을 잊으면 안 된다. 지금도 벽에 걸어 놓은 이 글귀가 나를 내려다 보고 있다. ✻

해바라기 연가

한국말을 잘 모르는 한 일본인 남자가 부산에 도착했다. 주소를 들고 물어물어 이해인 수녀님이 계시는 광안리 올리베따노 성 베네딕도 수녀원을 찾아왔다. 시 「해바라기 연가」의 저자를 찾아온 것이다.

해바라기 연가

이해인 수녀

내 생애가 한 번뿐이듯
나의 사랑도
하나입니다

나의 임금이여
폭포처럼 쏟아져 오는 그리움에
목메어
죽을 것만 같은 열병을 앓습니다

당신 아닌 누구도
치유할 수 없는
내 불치의 병은
사랑

이 가슴 안에서
올올이 뽑은 고운 실로
당신의 비단 옷을 짜겠습니다

빛나는 얼굴 눈부시어
고개 숙이면
속으로 타서 익는 까만 꽃씨
당신께 바치는 나의 언어들

이미 하나인 우리가
더욱 하나가 될 날을
확인하고 싶습니다

나의 임금이여
드릴 것은 상처뿐이어도
어둠에 숨지 않고
섬겨 살기 원이옵니다

일본어로 번역한 이 시를 읽고, 한 여인을 사랑하고 있는 자신의 처지와 너무 같아서, 아름다운 시를 지어준 주인공을 꼭 한 번 보고 싶은 소망을 지니게 되었다고. 수녀님에게 유부남인 자신이 아내 아닌 다른 아가씨를 사랑하는 죄책감을 털어놓은 그는 정형외과 의사이고 사랑의 대상은 한국 아가씨라고 했다.

평생에 하나뿐인 사랑, 죽을 것 같은 열병의 사랑, 그 대상이 아니면 아무도 치료할 수 없는 불치의 병과 같은 사랑, 이 지독한 사랑의 괴로움을 '해바라기 연가'를 수백 번 읽으면서 달래다가 결국 저자를 찾아오게 되었다고.

면담을 마치고 수녀님에게 '특정 종교를 지닌 분이 낯선 타국의 남자가 하는 범상치 않은 고백을 편견 없이 잘 들어 주어 큰 감동을 받았고 가슴 깊이 짓눌려 있던 돌덩이를 내려놓은 느낌'이라는 말을 남기고 돌아갔다고 한다.

내가 '해인글방'을 방문했을 때, 이해인 수녀님께서 최근에 있었던 일이라며 잠깐 들려주신 얘기지만 나도 감동을 받았다. '사랑이란 불치의 병'을 앓고 있는 그는 어쩌면 행복한 사람이다. 그렇게 뜨거운 사랑은 쉽게 얻을 수 있는 게 아니다. 더구나 청춘의 열기가 식어 버린 나이에는.

그 사랑은 운명적인 것이 아닐까. 열병 같은 사랑을 하면서도 가정을 지키려고 몸부림치며 죄책감에 시달리는 그의 고뇌가 얼마나 깊은지 짐작이 간다. 만약 그가 가정을 버렸다면 이 사랑의 향기는 날아가 버리지 않았을까?

평범한 삶을 살고 있는 사람들에게는 부러운 사랑이다. 그 대상이 종교

적 절대자이든, 일반인이든 무슨 상관이랴. 이런 사랑을 품고 사는 이는 무진장 행복할 것이다.

시의 힘이 이렇게 크다. 국경이나 언어의 장벽을 쉽게 넘는다. 삶의 상처를 어루만져 주고 영혼의 허기를 달래 준다. 진선미의 가치를 알려 주고 이 세상을 아름답게 한다. '해바라기 연가'를 되풀이해서 읽다 보니 내 가슴까지 멍해진다.

나는 이 얘기를 접하고, 그 일본인은 고뇌보다 더 큰 행복을 누리고 있는 게 아닐까 하는 생각이 들었다. '해바라기 연가'로 위로받으면서 자신의 사랑을 수녀님에게 고백했고, 나도 그 뜨거운 사랑에 마음 한 자락이 덴 것 같다.

그리고 그가 새삼 시의 위대함을 생각하게 해 주었다. 해바라기에 절대의 사랑을 비유한 이 절창! 이 사람뿐 아니라 수많은 영혼을 위로할 것이다.

그는 지금도 '죽을 것만 같은 열병을 앓으면서' 밤새도록 읽고 또 읽으리라. 나도 이 남자의 심사가 되어 다시 한 번 읽어 봐야겠다. 밤이 새면 어떠랴. 『이해인 시 전집』을 한 장 한 장 넘기면서 행간에서 우러나오는 향기를 음미해 봐야겠다. ✿

* 참고 문헌: 이해인, 『이해인시전집1』, 문학사상, 2017년 11월, 1판 8쇄, 58-59쪽

인격

집이나 주식의 가격이 오르면 좋아하면서도, 내 자신의 가치를 높이는 일에는 소홀했다. 인격을 쌓고, 지혜를 터득하고, 인정을 나누며, 가정과 이웃, 국가와 인류에 유익한 사람이 되는 것이야말로 존재 가치를 높이는 길인데도 말이다.

권력이나 부(富)와 같은 요소들도 자신의 가치를 상승시키는 데 도움이 된다. 그러나 이것들은 거꾸로 인격을 훼손시킬 수도 있는 양면성을 가지고 있으므로 지혜의 뒷받침이 필요하다. 자신의 가치를 높이는 가장 바람직한 길은 인격을 쌓는 것이다. 그런데도 돈이나 진급 같은 세속적인 것에 마음을 빼앗긴 채 긴 세월을 허비했다. 더구나 내 자신이 가소로운 것은, 그렇게 무의미한 생활을 하면서도 남이 인정해 주기를 기대하는 어리석음을 품고 살았다는 것이다.

『인격론』의 저자 새무얼 스마일즈가 "이 세상을 움직이는 것은 인격이다. 인격은 가장 고결한 재산이다"라고 갈파했듯이, 인격의 가치는 그 무엇과도 비교할 수가 없다. 선과 악의 구별이나 옳고 그름에 대한 판단, 아름답고 소중한 가치를 알아보는 이 모든 것이 인격의 바탕 위에서 비롯되기 때문이다. 인격은 인간의 가장 고귀한 가치인 동시에, 우리가 꿈꾸는 미래를 이룩할 수 있는 에너지이기도 하다.

인격자들이 지혜롭고 어진 마음으로 세월의 모서리를 다듬어, 평화와 자유를 신장시키고 역사의 바퀴를 앞으로 굴린다. 세상 사람들로부터 존경을 받는 사람은 전부 인격자다. 인격은 양심과 겸손에 뿌리를 내리고 있고 덕으로 나타난다. 인격이야말로 평생 쌓아올려야 할 가장 아름다운 탑이다.

인격을 갖추지 못한 사람이 권좌에 앉거나, 제아무리 많은 부를 축적한다고 해도 모래 위에 집을 짓는 것과 다를 바 없다. 인격적인 결함이 있다면 그 어떤 명예로운 자리도 아무 소용이 없다. 사람들을 행복하게 하거나 이 세상을 아름답게 만드는 데 아무런 도움도 되지 않는다. 리드하거나 화합하는 능력도, 남을 용서할 수 있는 아량도 없고 따를 자도 없다.

그런 사람은 오히려 요직에 앉지 않는 것이 자신과 국가와 사회에 도움이 된다. 균형을 잃은 사고가 선악과 진위(眞僞)를 분별하지 못하고 독선과 아집의 노예가 될지도 모르며, 양심의 기둥이 흔들려 사회를 혼란스럽게 하거나 국가의 위상을 떨어뜨리고 국민을 괴롭힐 게 분명하지 않은가.

각지에서 꽃 축제가 열리고 모두 꽃향기에 묻혀 행복한 봄날이지만, 자신의 삶을 뒤돌아본 나에게는 탕약처럼 쓴 하루였다. 그러나 후회하고 있을 일만은 아니다. 이제라도 인격의 소중함을 알았고, 인격 수양이 평생의 과업이니 절차탁마(切磋琢磨)의 자세가 필요하다.

내 인품의 키가 부끄러움보다 좀 더 크게 자라면, 담장 위로 솟은 목련처럼 마음껏 봄날을 즐길 수도 있지 않을까. 그런 날이 오기를 기대한다. ❋

한때의 열망

시인이 되고 싶은 열망에 사로잡힌 때가 있었다. 10년 넘게 시를 썼고, 시 공부 그룹에 들어 시인들로부터 시 작법을 배운 적도 있다. 신춘문예에 여러 번 응모했지만 실패했고, 시 두 편이 공모에 당선되기도 했다.

조국을 위한 맹서

조국의 내일 위해 한 알 씨앗으로
겨레의 가슴에 묻힌 고귀한 영혼이여!
우리 여기 구룡골에 모여 엄숙히 다짐하노니
믿으소서, 우리의 약속을
겨레의 모든 시련 기꺼이 앞장서서 막으리니

배달민족의 횃불이 우주를 밝히리다
그 불씨 가슴에 간직한 우리의 용기와 신념을 모아
이 단단한 땅에 조국과 겨레 위한 맹서를 심노니
님이여! 통일조국과 더불어 웅비하는 우리를 지키소서

높이 솟아라, 태양이여!
음지에서 애국의 일념으로 말없이 실천하는
우리의 참된 뜻을 지켜보라
밝게 빛나라, 태양이여!
만대의 세계사에 찬란할 대한민국을 비춰라
아름다운 통일조국 영원히 비춰라.

* 공모에 당선되어 한 국가 기관의 탑에 새겨진 시

국어사전

내가 자주 찾는 숲이 있다

언어들의 속삭임과 향기에 취한 채
숲 속을 산책하다 나는 문득
나만의 집이 그리워져
대들보나 기둥에 어울리는 사랑이니 자유니 하는
큰 나무를 베어 힘겹게 메고 오거나
바람벽이나 울타리 칠 자잘한 나무를 골라 오기도 하고,

방안을 장식할 들꽃도 몇 가지
꺾어들고 휘파람을 불며 돌아온다
물론 뻐꾸기나 휘파람새의 맑은 노래도
한 바구니 담아온다

면허 없는 서툰 목수인 나는 겨우
詩라는 이름의 오막살이를 짓고 말지마는
그래도 그 짓이 좋아 시간 가는 줄 모르고
언어의 숲 속을 헤집고 다니기도 하고,
베어 온 나무들을 다듬어 요리조리 짜 맞추다가
틈새가 맞지 않으면 가끔 별빛도 끼워 넣어
집을 지으며 밤을 지새우기도 한다

그러다 나는 다시 숲길을 찾아가
발목까지 차오르는 들국화의 향기 속을
첨벙첨벙 걸어보기도 하고,
백설이 펴놓은 맑은 종이에
내가 짓고 싶은 집을 그려보기도 하면서
새로운 집 지을 생각에 가슴 설렌다.

* 강원일보와 김유정기념사업회가 주최한 제9회 전국문예작품공모, 시 부문 일반부 최우수상

이 외에도 많은 시를 쓰기는 했지만 마음에 드는 시는 드물었다.

곶감

껍질 벗은 채 곶감이 되는 감
나도 명사(名詞)에게 옷 입히기를 그만둠
저절로 분이 생기는 곶감을 보고
형용사 부사들에게 시키던 화장
그만둠

맨살의 감이 바람을 만나고
햇볕을 그리워하면서
붉을 대로 붉어졌다가
온 몸이 향기로워지는데,
나는 아직 어떤 말씀과 말이
서로 만나거나 그리워 할 때
아름다운 향기를 풍기는지 모른 채
떫은 시를 쓰고 있음

대가들은 단어들이 풍기는
맨살의 체취를 꿰어
곶감 꾸러미 같은 시를 쓰고
나는 곶감 한 조각 입에 넣고
그 단맛에 놀라고 있음.

상(賞)

겨우내 직장의 틀 속에서 구겨지던
나에게 상을 주고 싶었다

받고 싶은 상을 물어본 나는
얼음 풀린 의암호반의 풍경을 잘라 상장을 만들고
다압*의 매화향기랑 개인산의 바람,
독경소리 쪼아 먹으며 사는 불일암 새들의 노래
동해의 파도소리를 부상으로 주기로 했다

나는 지금 휴가를 내어
내가 주는 상을 받으러 간다
룰루 랄라
룰루 랄라

* 매화가 많은 전남 광양 다압면

묵화(墨畵)
―내 아내에게

내 마음 붓으로
그대 마음 빈 종이에
그리는 묵화

비록 화려하지는 않지만
한 점 찍을 때마다
앞뒷면에 다 번지는 먹물

가지마다 꽃이 피면
드디어 피어오르는,
내 평생을 적시고도 남을
매화 향기

 이런 유의 시를 쓰면서 공부하고 있을 때 문득, 좋은 시가 써지지 않는다는 자각이 눈을 떴다. 전문적으로 배우지도 못했고 늦게 시작했다. 내 속에서 영역을 다투고 있던 상상의 세계가 경험의 세계에 밀리고 있다는 생각, 그리고 내가 시적인 인간이기보다는 산문적이 아닐까 하는 생각이 고개를 들었다.

그러나 가장 큰 문제는 치열하지 못한 것이었다. 진력을 다해 매달려도 힘든 일인데 안일한 생각에 젖어 있었다. 독서와 글쓰기는 심심풀이처럼 하면서 사진과 여행에 많은 시간을 보내고 공무원 생활의 매너리즘에 빠져 있는 내가 보였다. 풍부한 감성의 창고를 들여다보면서도 시인의 꿈을 접을 수밖에 없었다. 그러나 한동안 힘이 들었다.

그 무렵, 설악산 시인으로 불리던 이성선 시인의 갑작스런 죽음과, 잡지사를 통한 무분별한 등단이 나의 열망을 식게 했다. 경제가 내지른 주먹에, 문학과 예술의 얼굴이 멍드는 사태가 빈번했다. 이런 환경이 나의 결심을 도와주었다. 굳이 시인이 되지 않아도 좋겠다는 생각을 했다.

가족과 시 공부를 함께 하던 분들이 계속 시를 쓰라고 권유도 했지만, 결국 오래 품고 살던 꿈을 내려놓았다. 홀가분하기도 했으나 한편으론 아쉬운 마음도 있었다. 여행과 산문과 사진이 나를 달래 주었다. 기대나 희망을 접는 일이 얼마나 허전하고 힘든 일인지도 알았다.

세상의 모든 일은 일찍 방향을 정하고 끊임없는 노력과 열정을 기울여야 목표에 도달할 수 있다. 각 분야의 스포츠나 예술도 그렇지만 시도 마찬가지다. 그리고 내가 시에 소질이 있는지 없는지도 알 수 없지만, 6.25 전쟁 중에 태어난 나는 먹고 사는 것이 문제였다. 농부였던 아버지와 가족들은 내가 공무원이 되었을 때 크게 기뻐하셨는데, 아마도 안정된 삶을 살 수 있겠지 하는 안도감 때문이었던 것 같다.

'포기하지 않으면 실패도 없다'는 말을 알면서도 시인의 꿈을 포기했다. 그 후 큰 병으로 죽을 고비를 넘기고 난 다음에는, 나를 위한 일보다 세상에 더 유익한 일을 해야겠다는 생각을 했는데, 그때부터 꿈을 포기한 자리에 돋았던 상처가 완전히 아물었다. 시인의 꿈을 이루지는 못했지만 지금 나는 행복하다.

행운

　행운 중의 행운은 복권에 당첨되는 것이 아니라, 좋은 부모와 훌륭한 인생의 스승을 만나는 것이다. 진실한 친구나 순수하고 아름다운 영혼의 소유자를 만나는 것도, 좋은 책이나 남을 도울 수 있는 기회를 만나는 것도 마찬가지다. 결국 행운이란, 더 행복하고 좋은 사람이 될 수 있도록 나를 변화시킬 수 있는 기회를 만나는 것이다.
　인간의 일생에 부모보다 더 큰 영향을 미치는 존재는 없다. 좋은 부모는 든든한 후원자인 동시에 아무런 조건 없이 믿음과 사랑을 베풀어 주는 이 세상에서 가장 소중한 사람이다. 훌륭한 인생의 스승은 삶의 보람과 희망·행복과 같은 그림들을 보여 주고 그것들을 이루는 길을 알려 준다. 진실한 친구는 고독을 달래 주고 나의 발전과 행복을 응원한다. 그리고 아름다운 영혼의 소유자들은 순수와 감동의 힘으로 우리에게 사랑을 가르쳐 주고 위안을 준다.
　아기와의 만남도 행운이다. 아기들이 우리를 기쁘게 하는 것은, 순수함과 모든 가능성을 함께 지니고 있기 때문이다. 집안에 아기가 태어나면 온 가족이 환희의 마음을 일으키고 이웃 사람들까지도 기뻐하는데, 그것은 혈육이 태어났다는 의미도 있지만, 순수한 영혼의 소유자가 우리 곁에 왔다는 축복의 의미가 더 크다. 그 영혼에서 보석보다 영롱한 진실이 반짝인다. 그 빛이 가슴에 닿으면 마음에 기쁨의 물결이 일면서 편안해진다. 순수가 가진 에너지는 한량없다.

　어린이와 수녀·스님·신부 등 성직자, 고매한 인격자와의 만남 또한 큰 행운이다. 우리가 어린이를 보배로 여기고 이들을 믿고 따르는 것은, 오염되지 않은 메시지를 들고 와서 이 세상에 뿌리고 내일을 꿈꾸게 하기 때문이다. 그래서 특정 지역이나 부류가 아닌, 이 세상 전체를 평화와 행복의 길로 이끈다.

　촌로(村老)들과의 만남도 마찬가지다. 욕망의 열기가 식은 편안한 모습으로 객관의 위치에 앉아 있는 그들, 영혼이 지식의 상처를 입지 않고 경험이 지혜로 발효된 그들의 가슴에서는 사람 냄새가 난다. 그리고 자신의 주장이 배제된 경험의 말들이 삶의 대로를 알려 주고, 주름진 얼굴과 소박한 웃음이 욕망의 부질없음을 귀띔한다.

　마음이 맑은 사람들을 만나면 편안하고 내 자신도 맑아지는 느낌이 들 때가 많다. 순수하고 올바른 뜻이 내 영혼을 속속들이 비춰 주기 때문일 것이다. 하나같이 가식이나 욕심이 없고, 욕심이 없으니 꾸미거나 거짓된 언행이 필요 없다. 말과 미소는 물빛처럼 맑고 향기도 풍긴다.

　지혜가 가득한 양서를 만나는 것도 행운이다. 매일 쏟아져 나오는 수많은 책 가운데 섞여 있는 좋은 책을 놓치지 않고 읽을 수 있다면 운이 좋은 것이다. 그래서 좋은 책을 선물하거나 추천하는 것은 행운을 선물하는 것과 같다. 어찌 보면 오랜 세월에 걸쳐 검증된 고전이나 양서를 읽지 않는 것은, 눈앞에 나타난 행운을 지나치는 것이나 마찬가지다.

　남을 도울 수 있는 기회나 평화로운 시절을 만나는 것도, 훌륭한 인품과 재능을 가진 사람들과 동시대에 태어난 것도 행운이다. 평생 전쟁도 겪지 않고, 남의 도움을 받을 처지가 아니라면 분명 운이 좋은 사람이다. 자유와 평화를 향유하면서 나의 노력에 대한 정당한 보상을 받고, 생명과 인권을 존중하는 사회에 살고 있다면 이 또한 행운이다.

  행운은 주변 곳곳에 널려 있다. 마음의 눈만 감지 않고 산다면 날마다 행운을 만날 수 있을 것이다. 오늘도 지혜의 눈을 반짝이고 있는 책과 만나거나, 순수하고 맑은 사람들의 마음의 거울에 나를 비춰 볼 수 있는 행운을 누렸으면 좋겠다. ✽

5. 만병통치약

더 좋은 세상을 위하여

이 세상은 뭇 생명들이 꾸미는 아름다운 꽃밭이다. 생명을 유지하고 종족을 보전하려는 노력이 꽃처럼 피어난다.

가시고기 수컷은 산란기가 되면 물 흐름이 느린 개울가에 모래를 물어내고 수초를 모아 집을 짓는다. 점액까지 분비하여 둥지가 흐트러지지 않게 만들고 암컷을 맞이한다. 암컷이 산란을 하면 수정을 한 후 둥지를 지키며 부화를 돕는다. 암컷은 알만 낳고 떠나버린다. 수컷은 알을 노리는 침입자들을 쫓아내고 지느러미 부채질로 산소를 공급하며 새 생명의 탄생을 위해 헌신한다. 비늘이 벗겨지고 하루하루 힘이 빠지는데도 둥지를 떠나지 않는다. 먹이도 제대로 먹지 못한다. 집을 짓고 알이 깨어나는 보름 동안 둥지를 지키다 새끼들이 모두 부화하면 지친 수컷은 둥지 근처에서 죽음을 맞이한다. 새로 태어난 새끼들은 제 아비의 살점을 먹고 자란다. 후손을 위해 자신의 목숨과 몸까지 내놓는 것이다.

뻐꾸기는 자신의 둥지를 틀지도 못하고 스스로 새끼를 기르지도 않는다. 주로 붉은머리오목눈이나 딱새의 둥지에 알을 낳는데, 그냥 낳을 때도 있지만 오목눈이 알을 두어 개 먹어 버리고 자신의 알을 낳기도 한다. 아마도 이것은 자신의 새끼를 더 잘 키우기 위한 운명적인 행위일 것이다. 그뿐만 아니라 먼저 부화한 뻐꾸기 새끼는 부화를 기다리는 오목눈이의 알과, 뒤따라 부화한 오목눈이 새끼까지도 밀어내 버리고 둥지를 독차지한다. 오목눈이는 둥지 밖으로 떨어진 알과 새끼에게는 관심이 없고, 오직 한 마리 남은 뻐꾸기 새끼를 정성들여 키운다. 새끼가 커서 둥지를 떠나면, 자신보다 몇 배나 더 큰 뻐꾸기 새끼를 따라다니며 먹이를 먹여 준다. 자신의 후세로 믿고 키우던 새끼는, 자유롭게 날면서 먹이를 구할 수 있게 되는 순간 오목눈이나 딱새의 곁을 떠나 영영 돌아오지 않는다.

 인간의 눈으로 보면 사기와 살생과 배신이 뒤얽힌 이해할 수 없는 일이지만, 이 또한 엄연한 자연의 질서다. 알을 부화시키거나 새끼를 기르지도 못하는 뻐꾸기의 무능을 작은 오목눈이가 도와준다. 두 종족 모두 멸종되지 않고 잘 살아가고 있다. 이 세상은 잘나고 똑똑한 존재들만의 세상은 아니다. 자신의 새끼인 줄 알고 키웠거나 모르고 키웠거나 중요하지 않다. 오목눈이의 행위가 세상을 지탱하는 모성과 깊은 연관이 있고, 이 세상은 서로 돕고 사는 곳이란 것을 증명하고 있다.

 도쿄올림픽을 앞둔 1964년, 도쿄돔을 확장하려고 지은 지 3년이 된 주변 건물을 철거했다. 그때 희한한 일을 발견했다. 도마뱀 한 마리가 못에 박힌 채 도망가지 못하고 몸부림치고 있었다. 움직이지 못하는 도마뱀이 어떻게 3년 동안이나 살 수 있었을까. 철거 공사를 중단하고 며칠 동안 망원경으로 도마뱀을 관찰했다. 다른 도마뱀 한 마리가 하루에도 몇 번씩 못에 박힌 도마뱀에게 먹이를 물어다 주고 있었다. 먹이를 물어다 주는 도마뱀은 암컷이고 못에 박힌 도마뱀은 수컷이었다.

 놀라운 일이다. 파충류의 세상에 이런 아름다운 사연이 있다니……. 도마뱀은 인간이 함부로 미물이라고 말할 수 있는 존재가 아니다. 노부모를 제대로 봉양하지 못하는 사람이나, 병든 배우자를 버리고 떠나는 인간을 비웃고 있을지도 모른다.

사마귀 암컷은 짝짓기가 끝나면 수컷을 잡아먹는다. 몸집이 큰 암컷이 수컷의 머리부터 먹기 시작하여 몸 전체를 먹어 버린다. 동종 간에 왜 이런 잔인한 일이 일어나는지 알 수가 없다. 사람들은 여러 가지 추측을 한다. 그중에서 한 가지 분명한 것은, 수컷의 죽음이 암컷에게 영양분을 공급하고 튼튼한 알을 낳게 한다는 것이다. 우리 생각에 가혹하기가 그지없지만, 이것이 종족 번식을 위한 섭리라면 사마귀 수컷의 운명은 비참한 것이 아니고 장렬하다.

1951년, 일본 치바현의 2천 년 전 고대 유적지에서 연꽃 씨앗 세 개가 발견되었다. 씨앗은 흙 속에 묻힌 작은 쪽배 안에 있었는데, 이 씨앗의 껍질을 얇게 갈아서 물에 불렸더니 두 개의 씨앗에서 싹이 돋아났다. 그 싹이 자라서 붉은 연꽃을 피웠다. 우리나라에서도 2010년 여름에 천 년이 넘은 연꽃 씨앗을 심어 꽃을 피운 일이 방송되었다. 그 작은 씨앗이 수천 년 동안이나 생명을 간직하고 있었다니 놀라운 일이다. 연꽃은 영원히 우리에게 기쁨을 선물할 것이다.

이처럼 세상엔 생명들이 연출하는 신비로운 일들이 수없이 많다. 민들레는 씨앗에 깃털을 달아 미지의 세계로 날려 보내고, 어느 먼 나라에선 힘을 겨루는 수사슴들의 뿔 부딪치는 소리가 계곡을 울릴 것이다. 연어는 산란을 위해 온갖 위험을 무릅쓰고 모천으로 회귀하고, 공작새는 깃털을 세우고 구애의 춤을 춘다. 꽃들은 색과 향기와 꿀로 경쟁하며 개체의 발전과 종족 번식을 도모한다. 무지개 걸린 언덕 위엔 잔디가 푸르고, 태양은 모든 생명들을 축복한다. 자연은 환희의 물결로 가득하다.

그런데 인간은 어떠한가? 사상·국가·민족·지역·종교·정파·빈부·내 것 네 것 등등 수많은 금을 그어 놓고 반목질시(反目嫉視)하며, 피부색이 다르다고 얕보기도 하고 얼굴이 반반하거나 돈이 많다고 거들먹거리기도 한다. 자신과 생각이 조금 다르다고 무작정 배척하거나 죽이기도 하고, 내 것만 소중히 여기고 남의 것은 인정조차 하지 않으려 든다. 때로는 남을 짓밟고 자신의 영달을 꾀하거나, 남의 것을 약탈하기도 한다. 지식을 악용하고 번뇌와 망상에 시달리며, 시기와 질투에 몸부림치는 생명은 인간밖에 없다.

그 알량한 두뇌로 신념의 오류에 빠져 선악의 분별이 흐려진다. 생명의 존엄성이나 자유와 평화와 인권을 예사롭게 유린한다. 마약은 확산의 길로 치닫고, 이성은 사상·이기심·게으름·알콜 등에 쉽게 마비된다. 많은 지식인들이 서슴없이 곡학아세(曲學阿世)의 길로 들어서고, 권력 주변엔 연옹지치(吮癰舐痔)의 무리들이 들끓는다.

지구 한쪽에선 수많은 사람들이 기아에 허덕이고 있는데, 다른 한쪽에선 너무 많이 먹어서 탈이 나는 사람들이 많다. 인류애란 말 자체가 무색하다. 지금 이 순간에도 수많은 인간들이 이기주의의 늪에서 허우적거리며 공멸의 길을 가고 있다. 뭇 생명 중에 오직 인간만이 이 아름다운 세상을 짓밟으며 황폐화시키고 있다.

인간의 어리석음은 끝이 없다. 독재 권력은 위선의 탈을 쓰고 대량 학살의 만행을 저지르기도 하고, 호전적인 인간들은 사소한 이유로 전쟁을 일으킨다. 1·2차 세계 대전과 6.25 전쟁을 비롯한 수많은 전쟁, 유대인 학살·킬링필드·9.11 테러와 같은 불행한 사건들이 인간의 어리석음을 증명하고 있다. 최소한 인간이 인간을 해치지만 않는다면, 이 세상은 더욱 살기 좋은 곳이 될 게 분명하다.

다른 생명들은 자연의 질서를 따르며 더불어 살고 있는데, 종족을 보전하고 발전시키려는 끝없는 노력을 펼치고 있는데, 인간은 이 순간에도 서로를 죽이기 위한 무기를 개발하고 전쟁을 모의한다. 어떻게 하면 더 강력한 무기를 만들어서 한꺼번에 많은 사람을 죽일 수 있을까 궁리한다. 현존하는 핵과 화학 무기만으로도 인류를 멸망시키고 남을 양인데, 아직도 남몰래 핵이며 대량 살상 무기를 개발하려고 안달하는 무리들이 있다. 못된 인간들이 스스로 멸망의 길을 재촉하고 있다.

성인(聖人)들은 이런 인간들을 염려하여 자비를 베풀고 사랑하라고 가르쳤다. 하루빨리 각성해야 한다. 무기나 마약과 같은, 세상을 황폐화시키는 것들을 폐기하고 다시 만드는 사람을 엄벌해야 한다. 인화를 바탕으로 천재지변과 질병을 극복하고 덕을 숭상하는 아름답고 행복한 세상을 만들기 위해, 생명을 존중하고 화합하고 겸손해야 한다. 인간이 뿌리는 존중과 화합과 겸손의 씨앗이, 민들레의 씨앗처럼 날아가 이 세상을 평화와 자유로 뒤덮고 인간을 행복하게 할 것이다.

인간의 능력은 무한하다. 만물의 영장이라는 이름에 부끄럽지 않은 지혜를 모아 금을 허물고 욕심을 줄여야 한다. 우주의 작은 별, 지구에서 아웅다웅하지 말고 서로 사랑하고 행복해야 한다. 자연의 섭리를 거스르지 말고 무한한 능력을 발휘하여 후세에 물려줄 더 좋은 세상을 만들어야 한다. ✽

거시기한 기분

　새벽 1시가 좀 넘은 시각에 거실에 놓아둔 아내의 핸드폰이 울렸다. 아내는 요양원에 계시는 장모님에게 무슨 일이 생긴 줄 알고 급히 나가서 전화를 받았다. 어쩌다 집 전화로 야식 주문 전화가 잘못 걸려 오는 수는 있었지만, 한밤중에 핸드폰으로 온 적은 없었다.
　아내는 잠결에 전화 한 사람이 누군지 한참 확인하더니 말을 놓았다. 나는 그 순간 장모님과 관련된 일이 아니고 서울에서 공부하고 있는 딸에게 무슨 일이 생겨서, 딸의 친구가 전화한 줄 알고 가슴이 철렁했다. 전화 중인 아내에게 딸의 친구냐고 물었더니, 동창생이라고 했다.
　전화가 끝나고 아내는 초등학교 남자 동창생인데 동창들과 만나 술을 먹는 중에 전화를 했다고, 술이 취한 것 같다고, 아내와 가끔 연락을 하는 여자 동창생이 핸드폰 번호를 알려 준 모양이라고 했다. 그리고 아내는 그 남자를 초등학교 졸업 후에 한 번도 만난 적도 없고 누군지 얼굴도 생각이 나지 않는다고 했다. 놀라서 그런지 다시 잠을 청했으나 한동안 잠이 오지 않았다.
　나로서는 이해하기 힘든 일이었다. 아무리 술을 먹고 취했다고 해도 그간 한 번도 만났거나 통화한 적도 없고, 결혼해서 가정을 꾸리고 살고 있는 여자에게 어떻게 한밤중에 술에 취한 채 전화를 해서 가족의 잠을 깨우는 일을 한단 말인가. 사람을 낮추보고 하는 짓인지, 상식과 교양이 부족해서 그런 것인지, 심심풀이 삼아 여자를 건드려 보려는 속셈인지 이해할 수가 없다. 아니면 그 자신이나 주변의 정서상 이런 일은 아무렇지도 않은 것이고 흔히 있는 일인지도 알 수가 없다.

그도 50대 중반일 터이니, 그의 아내에게 아무 연락도 없던 초등학교 남자 동창생이 술에 취한 채 한밤중에 전화를 해서, 가족의 잠을 깨우고 놀라게 한다면, 보고 싶다느니 언제 한번 만날 수 있을까 따위의 소리를 한다면 과연 그는 어떻게 생각할지 궁금하다. 달콤한 잠을 도둑맞았다는 억울함과, 자기 본위로 생각하고 부도덕한 일을 쉽게 저지르는 인간이 내 삶의 울타리 근처에 있다는 자각, 그리고 모멸감이 뒤엉킨 나의 이 거시기한 기분을 그도 한번 경험해 보았으면 좋겠다.

만약 그가 아무렇지도 않다면 나와 생각이 다른 사람이니 하는 수 없는 일이다. 그렇지 않고 내가 느낀 이런 기분을 느낀다면 그가 한 짓은 몰상식의 극치요 이율배반이다. 이 세상은 혼자 제멋대로 사는 곳이 아니고 서로 배려하며 어울려 사는 곳이다. 술에 취해 남의 숙면을 훔쳐가는 일은 하지 말아야 한다. ✻

부자

국어사전에는 부자를 '살림이 넉넉한 사람', 또는 '재산이 많은 사람'이라고 정의하고 있고, 제임스 아서레이는 자신의 저서 『인생에서 버릴 것과 움켜쥘 것들』에서 "진정한 부는 인생의 다섯 가지 영역, 즉 금전적·관계적·정신적·물질적·영적인 부분에서 조화와 웰빙을 이루고 있는 상태다"라고 풀이했다.

돈이 많다고 부자가 아니다. 햇볕이 잘 들고 공기가 맑은 곳에 사는 이가 부자고, 웃음과 즐거움을 누리는 자나 훌륭한 사람들과 많은 인연을 맺고 사는 자도 부자다. 결국, 자신의 처지에 만족할 줄 아는 사람이 부자다.

그러나 가장 큰 부자는 나눌 줄 아는 사람이다. 결식아동이나 독거노인, 또는 기아로 죽어 가는 어린이와 같은 불우한 이웃들을 위해 가진 것을 나누거나 사회에 환원해서 여러 사람이 그 혜택을 누리도록 한다면 그가 바로 부자다. 액수의 많고 적음을 불문하고 나누는 것은 아름다운 일이다.

남을 생각하는 마음은 자신의 가슴부터 데워서 행복하게 한다. 돈이 많은 사람 중에서도 자수성가한 사람은 이웃을 생각하는 따뜻한 마음을 가진 이가 많다. 어려운 처지에 있는 사람들의 심정을 알기 때문이다. 물려받은 재산이나 횡재로 부를 누리는 사람이 나눌 줄 모른다면, 그는 가난해서 나눌 수 없는 사람보다 더 존재 가치가 없는 사람이요, 불행한 사람이다. 돈이 아무리 많은들 잘 쓰지 못하면 뭣하나. 쌓아 둔 돈은 아무런 의미가 없다.

이런 관점에서 보면, 재물이 많은 사람은 흔하지만 부자는 드물다. 돈이 많은 사람이 보람되게 쓸 생각은 않고 더 많은 돈을 모으려고 안달하는 모습을 보면 딱하다. 특히, 많이 가진 사람이 불우한 이웃을 돌볼 줄 모르거나 가난한 사람을 괴롭히며 서슴없이 갑질을 하는 모습을 보면, 짐승보다 못한 인간이란 말이 왜 생겼는지 짐작이 간다. 그런 사람들은 행복이 무엇인지, 아름답게 사는 것이 무엇인지 한 번도 생각해 보지 않은 것 같다.

진정한 부자는 나눌 줄 아는 사람이고, 나눔으로 해서 자신뿐만 아니라 이웃까지도 행복하게 하는 사람이다. 억만장자이면서 전 재산의 99%를 기부하고 전셋집에 살고 있는 척 피니가 이 세상에서 가장 큰 부자다. 남몰래 거의 전 재산을 기부하고 있던 그를 언론에서 모르고 욕한 적도 있지만 개의치 않았다. 그는 "부유한 죽음은 불명예스럽다"는 말을 늘 마음에 새기며 산다고 했다.

진정 나누는 자가 부자라면, 가진 것은 많지 않지만 나도 부자가 될 수는 있을 것 같다. ❋

매너모드

매너모드가 가장 필요한 곳이 공동 병실이다. 의사며 간호사는 물론이고 몸이 아프고 신경이 예민한 환자들도 서로 옆 병상의 사람들에게 스트레스를 주지 않으려고 노력한다. 그러나 신음 소리·기침 소리·가래 끓는 소리는 어쩔 수 없다. '당사자는 얼마나 고통스러울까, 잠 좀 설치는 거야 할 수 없지' 하며 서로 너그럽게 이해한다. 그러나 병 외적인 스트레스에는 아주 민감하다.

나는 호흡기내과 환자들만 모인 병실에 입원 중이었다. 중환자실은 아니었지만 여섯 명 중에 확실하게 완쾌되어 퇴원할 수 있는 사람은 한 명도 없었다. 폐암, 슈퍼결핵, 폐섬유종, 그리고 나처럼 병명을 찾지 못한 호흡기 환자들이었는데 병을 늦게 발견해서 수술을 할 수 없거나, 아니면 10시간 넘게 걸리는 큰 수술이 예정되어 있는 사람들이었다.

스스로 걷고 식사를 할 수 있다는 것만 다를 뿐 병의 경중을 따져보면 중환자실의 환자들과 하나도 다를 게 없었다. 모두가 생사의 갈림길에서 힘든 시간을 보내고 있었다.

재처럼 가라앉은 병실의 분위기는 낮은 톤의 말소리와 조심스런 행동으로 숨이 막힐 지경이었다. 웃음과 희망의 언어는 없다. 가끔 소리 없이 뜨거운 눈물을 흘리는 보호자도 있고, 같이 있던 환자가 중환자실로 떠나거나 수술받은 사람이 저세상으로 가 버렸다는 소식이 들리는 날은 무거운 회색 하늘이 내려앉아 버릴 것만 같았다. 정신이 혼미해져 버렸으면 더 좋았을지도 모른다. 이미 죽음의 길로 들어서 버렸다는 자각이 환자 스스로를 힘들게 하고 있었다.

핸드폰도 매너모드고 라디오도 혼자 이어폰으로 듣는다. 아예 TV는 없다. 환자들은 모두 안면(安眠)이나 휴식을 방해하는 일이 없었으면 하는 바람을 갖고 있다. 엔진소리(?)가 큰 옆 병상 아저씨도 매너모드로 코를 골았으면, 병문안 온 사람들이 울거나 큰 소리로 얘기를 하지 않았으면 좋겠다는 생각을 한다. 또, 환자의 휴식을 방해하는 종교 의식도 종교실이나 휴게실에서 했으면 좋겠다는 기대를 한다. 환자들의 종교가 다른데도 불구하고 서슴없이 병실에서 큰 소리로 기도를 하는 사람들이 있다.

그러나 병문안 온 사람들이 모두 환자들의 그 절박한 심정을 이해해 주지는 않았다. 큰 소리로 얘기를 하거나, 한꺼번에 많은 사람이 문병을 올 때는 병상을 건드리는 사람도 있었다. 고열로 비몽사몽 헤매고 있을 때 누가 병상을 건드리면 지진이 일어난 것과 같은 느낌을 받을 때가 있다. 극도로 예민한 상태에서는 사소한 소음이나 움직임도 큰 스트레스다.

남성 병실이지만 보호자들은 거의 모두가 여성들이었다. 남성용 소변기는 없고 좌변기만 하나가 있었다. 한밤중 병실 안에 있는 좌변기에서 나는 남자들의 오줌 소리는 낮보다 훨씬 크게 들렸다. 가끔 잠에 취한 환자들이 화장실 문을 닫지 않고 소변을 보는 바람에 소리가 더욱 심한 때도 있었다. 통증에 시달리며 신경이 예민해진 환자가 "거, 문 좀 닫고 보시오" 하며 짜증을 내는 일도 있고, 사소한 일로 다툼이 생겨 병실이나 병상의 위치를 바꾸는 경우도 있었다.

문득, 여성들은 모두 매너모드로 소변을 본다는 생각이 떠올랐다. 나도 생전 처음 변기에 앉아서 소변을 눠 보았다. 오줌 소리가 매너모드로 바뀌는 것이었다. 온종일 꼭 끼는 속옷에 갇혀 있던 엉덩이도 시원했고, 좌변기에 오줌이 튈까 봐 걱정하며 정조준으로 눠야 한다는 부담도 없었다. 잠이 덜 깬 눈을 지그시 감고 앉아서 일을 보면 되는 것이었다. '이렇게 편하고 좋은 것을!' 하며 무슨 큰 발명이나 한 것처럼 기뻤다. 그런데 알고 보니 매너모드를 즐기는 사람들이 꽤 많았다.

퇴원한 후 지금도 매너모드를 즐기고 있다. 집에서는 매너모드로 전환하면 밤에도 화장실의 불을 켤 필요가 없다. 은은한 달빛이나 아파트의 간접 불빛만으로도 충분하다. 불을 켜지 않으면 가족들의 숙면에도 방해가 덜 된다. 물론, 나도 밝은 빛에 노출되지 않으니 잠이 맑게 깨지 않아서 뒤척이는 일이 줄어든다. 잠의 마디가 부드러워지는 것이다. 매너모드는 남을 배려하는 동시에 자신에게도 좋다. ✽

절망과 마주앉은 그대에게

막 모내기가 시작된 국사봉(춘천시) 자락 무논에서 개구리들이 숨넘어갈 듯 울어댑니다. 짝을 찾는 노래인지 아카시아 꽃향기에 취해 넋두리를 하는지는 모르겠지만, 하여튼 좋은 계절이 왔다고 야단입니다. 뻐꾸기도 같은 음절을 반복하며 화음을 넣습니다.

그러나 이 계절에도 왕따를 당하거나 성적이 떨어졌다고 아파트 옥상에서 몸을 던지는 학생, 사업 실패했다고 동반 자살하는 가족 등 자살 사건이 꼬리를 물고 일어나고 있습니다. 안타깝게도 절망이란 주변이 화려할수록 그 깊이를 더해 가는 수가 많은가 봅니다. 이 황홀한 계절에 나병 환자였던 한하운의 시를 다시 읽으면서 절망과 마주앉은 그대를 생각합니다.

죄명은 문둥이……
이건 참 어처구니없는 벌이올시다.

아무 법문의 어느 조항에도 없는
내 죄를 변호할 길이 없다.

- 「벌(罰)」의 일부 -

가도 가도 붉은 황톳길
　　　숨 막히는 더위 속으로 쩔름거리며
　　　　가는 길…….

　　　　신을 벗으면
　　　버드나무 밑에서 지까다비를 벗으면
　　　　발가락이 또 한 개 없다.

　　앞으로 남은 두 개의 발가락이 잘릴 때까지
　　　　가도 가도 천리, 먼 전라도 길.
　　　　　　　　－ 「전라도길(소록도 가는 길에)」 일부 －

　　　　　간밤에 얼어서
　　　　　손가락이 한 마디
　　　머리를 긁다가 땅 위에 떨어진다.

　　　이 뼈 한 마디 살 한 점
　　　옷깃을 찢어서 아깝게 싼다
　　하얀 붕대로 덧싸서 주머니에 넣어둔다.

날이 따스해지면

남산 어느 양지 터를 가려서

깊이깊이 땅 파고 묻어야겠다.

― 「손가락 한 마디」 전문 ―

지나간 것도 아름답다

이제 문둥이 삶도 아름답다

또 오히려 문드러짐도 아름답다

모두가

꽃같이 아름답고

…… 꽃같이 서러워라

― 「생명의 노래」 일부 ―

"이제 문둥이 삶도 아름답다"고 하네요. 얼마나 지독한 인고의 세월을 겪어야 이런 아름다운 긍정의 생각을 품을 수 있을까요. 가슴이 아립니다. 위와 같은 애절한 시를 남긴 한하운 시인은 한평생 나병을 앓으면서 사회 활동도 하고 주옥같은 시도 많이 썼습니다. 한하운 시인의 시를 다시 읽으면서 절망이란 사치라는 생각이 들었습니다. 하물며 고독이니 슬픔이니 하는 것들이야 더 말할 나위 있겠습니까.

요즘엔 쉽게 절망하고 너무 가볍게 목숨을 버리는 사람들이 많습니다. 한하운의 일생이란 프리즘을 통해서 보면 절망이란 없습니다. 얼굴이 뭉개지고 남들이 문둥이라고 손가락질을 하며 피해 가는 멸시를 받아도, 숟가락을 잡을 수 있는 손가락이 한 개라도 있다면, 걸을 때 중심을 잡아 줄 발가락이 한 개라도 있다면 말입니다.

한하운은 이런 아픈 세월을 견디며 56세까지 살았습니다. 이보다 더 절망적인 상황이 어디 있겠습니까. 그러나 절망하지 않았습니다. 절망은커녕 주옥같은 시를 많이 남겼습니다.

나는
나는
죽어서
파랑새 되어

푸른 하늘
푸른 들
날아 다니며

푸른 노래
푸른 울음
울어 예으리

― 「파랑새」 일부 ―

가갸 거겨
고교 구규그기 가.

라랴 러려
로료 루류
르리 라.

— 「개구리」 전문 —

그대가 언제 한번 농촌으로 가서, 푸른 달빛이 내리는 논둑에 앉아 개구리 소리를 들어 보세요. 그리고 「개구리」란 시를 최대한 빠른 속도로 반복해서 읽어보세요. 개구리들이 한하운의 시처럼 그렇게 노래하고 있다는 걸 알게 될 것입니다. 한하운 시인이 아니었다면, 어찌 개구리가 아름다운 우리말로 가갸거겨 하며 노래할 수 있었겠습니까. 나는 한하운 시인의 이 「개구리」라는 시가, 우리말과 글이 존재하는 한 영원히 잊히지 않을 거라고 생각합니다.

그리고 시 「파랑새」는 죽음을 예견하지만 서럽지 않습니다. 자유와 희망을 노래합니다. 시인은 분명 소원대로 파랑새가 되어 푸른 산천을 날아다니며 푸른 노래를 부르고 있을 것입니다.

벼랑에서 절망과 마주앉은 그대여!

죽을 수 있는 용기라면 이루지 못할 것이 없습니다. 명예를 전부 잃었습니까? 씻을 수 없는 죄를 지었습니까? 큰 병에 걸렸습니까? 많은 빚을 졌습니까? 왕따를 당하고 있습니까? 죽으면 그만이지만 살아 있다면 잃은 명예를 되찾거나 죄를 용서받을 수도 있고, 병도 극복하고 빚도 갚을 수 있는 기회가 있습니다. 집단 괴롭힘도 본인의 노력과 사회적 관심이 합해지면 헤쳐갈 수가 있고, 깊은 사랑의 상처도 세월이 아물게 할 것입니다.

  절망을 벼랑으로 밀어 버리고 당신을 아끼는 이 세상의 아름다운 인연을 뒤돌아보세요. 절망은 오직, 생명의 존엄성 앞에 무릎 꿇고 빌어야 할 죄일 뿐입니다. 한하운의 삶과 시편들이 증명하고 있습니다. ✽

* 참고 문헌: 한하운, 『파랑새』, 문학과 현실사, 1999년 12월, 15쇄.

만병통치약
-자가 면역 질환 투병기

　내가 만병통치약이 있다고 하면 미친 사람이라고 할 것이다. 그래도 좋다. 분명 만병통치약이 있으니까. 이 세상에서 가장 위대한 스승, 경험이란 스승이 나에게 이 약을 가르쳐 주었다.
　병을 고치는 것은 약도 의사도 아니고 자기 자신이다. 다시 말하면 병을 고치는 것도 예방하는 것도 모두 자신의 면역력이다. 약은 병의 증상을 완화시키는 물질에 불과하고, 의사는 도와주는 사람일 뿐이다. 면역력이 제 기능을 하지 못하면 만병에 시달리게 되고, 신진대사에 장애가 생기면서 노화 또한 촉진된다.
　그런데 이 만병통치약은 실제로 병을 고치는 약이다. 내가 발견한 것은 아니고, 기왕에 있던 것인데 내가 처음으로 이름을 붙였다. 이미 밝혀진 여러 의학적 지식을 모은 것이지만, 내 경험의 용광로에서 녹아 융합된 것이다. 어떤 병이든 너무 깊어지면 손을 쓸 수가 없다. 그 전에 여러 사람들에게 도움 되기를 기대하며 이 글을 쓴다.
　나는 난치병으로 알려진 자가 면역 질환으로 저승의 문고리를 잡았다가 돌아왔다. 내 평생 첫 입원이었다. 폐혈관염이었는데 계속 폐렴 진단이 나왔고, 여러 명의 유명한 의사들도 내 병을 알지 못했다. 10개월간 병명을 찾지 못하고 동네 병원 여러 곳과 유명한 대학 병원 세 곳을 옮겨 다니던 중, 체중이 15kg 가량 빠지면서 면회 온 사람들이 못 알아볼 정도의 몰골이 되었다.

입원해서 고단위 항생제를 주사하면 열도 내리고 흉부 X-레이도 깨끗해졌다가, 퇴원해서 경구약을 복용하면 보름 만에 다시 열이 나면서 재발하곤 했다. 수시로 땀이 나서 체온을 떨어뜨리고, 입속 점막에 농이 생겼다. 그러다 다시 열이 나기 시작했다. 39.5-39.6도의 고열에 고개를 못 들 때가 많았고, 여러 번 앰뷸런스를 타고 병원 응급실로 가곤 했다. 고통의 나날은 하루가 3년 같았다.

의사도 그 어느 누구도 나을 수 있다고 하는 사람은 없었다. 6인 병실의 환우들도 내가 잠든 줄 알고 고칠 수 없는 병이라고 수군거렸다. 내 생각에도 회생할 수 있을 것 같지 않았다. 얼굴색이 창백하고 흰 머리카락이 헝클어진 깡마른 사내가 거울 속에 있었는데 그 모습이 나에게도 낯설었다.

발열과 항생제 투여로 입맛이 없었다. 모래 씹는 맛을 처음 경험했다. 입원 중에는 배식 때가 되면 도망가고 싶었다. 아내가 삶아 온 전복도, 정성 들여 만들어 온 반찬도 아무 소용없었다. 몸무게가 줄면서 체력이 극도로 약해졌다. 이러다 죽는구나 하는 생각이 들었다. 그 무렵 우연히 같은 병실의 환우로부터 식욕 촉진제 얘기를 들었다. 결국 내가 식욕 촉진제 처방을 요청해서 복용했는데, 그것이 입맛을 되돌려 주었고 병을 견디는 데 도움이 되었다. 반계탕을 거뜬히 먹은 기억이 생생하다.

의사들은 한결같이 폐렴 같은데 균이 나오지 않는다고 했다. 입원과 퇴원을 반복하며 헤매던 끝에, 전신 마취를 하고 흉강경으로 폐 조직을 떼

내어 검사한 결과 자가 면역 질환의 일종인 폐혈관염으로 판명되었다. 병명을 찾고 난 후 3일 정도 스테로이드와 면역 억제제를 복용하자, 그 오랜 증세가 씻은 듯이 없어져서 퇴원했다.

자가 면역 질환은 자신의 면역 세포가 병균이 아닌 정상 체세포나 상재균(몸속에 늘 존재하지만 병을 일으키지 않는 균)을 공격해서, 폐나 위장·신장·관절·피부 등 신체 각 부위에 염증을 일으키는 병이다. 국소성과 전신성이 있는데, 류마티스관절염·천식·홍반성루프스·건선·혈관염·원형탈모증·베체트병·크론병·갑상선기능항진증·아토피·궤양성대장염·쇼그렌증후군·강직성척추염·다카야스동맥염 등등 수없이 많다.

이 병들은 대부분 찾기가 힘들고, 의사들도 다른 병과 혼돈이 와서 확진을 내리기까지 시행착오를 거듭하는 경우가 많다. 그래서 시간이 많이 걸리고 치료 시기를 놓쳐서 악화되는 수가 허다하다. 그중 신장으로 오는 자가 면역 질환이 가장 무섭다. 신장은 한 번 망가지면 회복이 거의 불가능하기 때문에 오래 버틸 수가 없다.

이들 질환은 스테로이드계 약물을 복용하거나 바르면 감쪽같이 나은 것 같다가 재발을 반복하는 속성이 있다. 심하면 면역 억제제도 쓰는데 스테로이드나 면역 억제제는 부작용이 너무 커서, 장기간 복용하면 약 부작용으로 몸이 망가지게 되므로 짧은 기간 도움을 받고 끊어야 된다.

내가 50대 중반에 발병했으니, 죽기는 이른 나이고 꼭 하고 싶은 일도 있었다. 더구나 나만을 믿고 사는 아내와 딸을 생각하면 죽을 수가 없었다. 나의 죽음이, 40대 후반의 아내와 대입을 앞둔 딸의 일생에 짙은 불행의 그림자를 드리운다고 생각하면 견딜 수가 없었다.

그중에서도 가장 견디기 힘들었던 것은 나을 수 없다는 절망감이었다. 그때 왜 그랬는지 모르지만, 어느 누구도 나에게 희망적인 말을 해 주는 사람이 없었다. 재발을 거듭하고 나을 수 없는 병이라는 얘기만 했고, 내 모습을 바라보는 눈길들은 모두 이미 늦었다고 말하는 듯했다.

어느 누구가 죽음에 직면한 사람의 심사를 알겠는가? 희망의 빛이 한 올도 없는 절망 속에서 남몰래 많이 울었다. 주로 차 속이나 화장실에서 울었는데, 특히 힘없는 팔로 말라 버린 몸을 문지르며 샤워할 때는 울음을 참을 수가 없었다. 흑흑 소리를 내도 남들이 몰랐고, 눈이 충혈되면 비누가 들어간 모양이라고 얼버무리면 다 그런 줄 알았다. 눈물이 그렇게 뜨겁다는 것을 그때까지는 미처 몰랐었다.

내 병을 찾은 분당 S병원에 계속 통원 치료를 했다. 병명을 찾고 스테로이드와 면역 억제제를 복용하면서 시간이 지나도 이상하게 병원에서는 어떻게 하라는 말은 한 마디도 하지 않았다. 생활 습관을 고치라든가 어떻게 먹고 무슨 운동을 하라든가 하는 말은 일절 없었고 언제든 재발할 수 있다는 말만 했다.

지금 생각해 보면 아마도 그 당시의 내 몰골이, 삶과 희망을 얘기할 수 있는 모습은 아니었던 것 같다. 내가 거울 속의 나를 보고 절망했듯이, 의료진이나 내 주변 사람들도 늦었다는 생각을 했을 것이다.

그러나 절망 속에서도 시간이 지나면 새싹이 돋는 모양이었다. 어찌하든 살아야겠다는 생각이 들었다. 살려고 몸부림을 쳤다. 죽기 아니면 까무

러치기였다. 체중부터 올리려고 평소에 먹지 않던 보신탕까지 먹었다. 스테로이드와 일부러 챙겨 먹은 음식이 몇 개월 사이에 체중을 올려 주었고, 체력과 의욕도 살아났다.

자가 면역 질환에 대한 치료 사례와 학자들의 연구 서적을 읽기 시작했다. 면역학이랑 건강에 관한 책과 음식 관련 서적도 읽었다. 방송의 건강 관련 프로그램을 다시 보고, 스크랩 자료를 정리하고 인터넷에서 수많은 정보를 수집했다. 그리고 그 지식을 하나하나 실천했다.

인간의 모든 병은 생활 습관병이고, 나쁜 습관만 아니면 120-130살까지도 살 수 있다는 학설도 있다. 습관 중에서도 체온을 떨어뜨리는 습관을 빨리 고치는 것이 중요하다는 걸 알았다. 찬 음식을 멀리하고 현미식을 주로 했다. 스테로이드를 복용하면서 지속적으로 따뜻한 음식 · 운동 · 일광욕 · 반신욕 · 족욕 등으로 체온을 높이려고 노력했다.

가스레인지에 달군 돌로 면역 세포의 70%가 모여 있는 복부를 따뜻하게 하고, 발을 이불 밖으로 내놓고 자는 버릇 때문에 사계절 내내 수면 양말을 신고 자거나 날이 추워지면 목에 수건을 두르고 잔다. 춥고 건조한 계절에는 외출할 때 모자 · 마스크 · 목도리를 하고 나가는 것은 물론이고, 건조한 계절엔 방안의 습도도 60% 정도로 유지하려고 노력했다.

이런 습관을 들인 지 2-3년 지나자 땀이 잘 나지 않는 체질로 바뀌면서 컨디션이 현저하게 좋아졌다. 퇴원 초기엔 1주, 2주, 1개월 간격으로 외래 진료를 받았으나 상태가 호전되면서 스테로이드 복용량도 점점 줄었고 통원 진료 주기도 3개월, 6개월로 길어졌다. 병을 이길 수 있다는 자신감도 생겼다.

스테로이드와 면역 억제제의 부작용인지는 확실하게 알 수는 없지만, 부작용으로 추정되는 증세를 많이 겪었다. 망막 출혈로 오른쪽 눈의 시력을 거의 잃을 뻔한 적도 있었는데, 눈 흰자위에 두 번이나 주사를 맞기도 했다. 고혈당·콜레스테롤 수치 상승·비문증·요산증·혈정액·혈압 상승·근육 약화 및 마비·과도한 성적 욕구·체중 증가와 부종 증세를 겪었으며, 부정기적으로 눈에 이상이 발생했고, 혈압이 높아져 약을 복용하고 있다. 스테로이드를 복용하면 신장이 망가지는데, 천만다행으로 신장 기능이 정상이라 살아 있다.

2005년 5월에 최초 발병했고, 2009년 봄에 재발했다가 2010년 12월 초에 모든 약을 끊었다. 그리고 수개월이 지나자 혈압과 비문증을 제외한 몸의 이상 증세는 모두 사라졌다. 지금은 혈압 약만 복용하면서 '만병통치약'으로 몸을 다스리는 중이고 잘 듣고 있다.

내가 약을 끊을 무렵 충격적인 사건이 일어났다. 『밥은 굶어도 희망은 굶지 마라』 등 여러 권의 책을 내기도 했고, 행복 전도사로 잘 알려진 최윤희 씨 부부의 동반 자살 소식이 날아왔다. 최윤희 씨가 자가 면역 질환을 앓고 있다는 걸 알고 있던 나는 크게 놀랐고, 많은 사람들이 슬픔에 빠졌.

자가 면역 질환의 일종인 홍반성루푸스를 장기간 앓으면서 폐와 다른 장기까지 나빠졌고, 말기의 극심한 고통에 시달리고 있던 최윤희 씨가 70세 된 남편에게 목 졸라 죽여 달라고 애원했다. 남편은 아내의 소원을 들어준 후 모텔 목욕탕에서 목을 매 자살했다는 뉴스였다. 유서 말미에 건강한 남편은 자신 때문에 함께 저세상으로 간다는 안타까운 내용도 있었다. 둔기로 머리를 맞은 것 같았다.

　병이 악화되기 전에 대비하면 분명 이런 불행을 막을 수 있는데, 환우들에게 도움을 줄 수도 있는데 내가 왜 이러고 있나 하는 생각이 머리를 쳤다. 이 사건을 계기로 내가 알고 있는 자료를 종합해서 나와 유사한 병으로 고생하고 있는 사람들에게 조금이나마 도움을 줘야겠다는 생각을 하게 되었다.

　자료 정리를 시작했다. 20권이 넘는 책과, 인터넷 자료, 「생로병사의 비밀」과 같은 TV의 프로그램, 건강 관련 스크랩 자료 등을 다시 읽고 요약했다. 한 달 가까이 되자 마무리 단계에 접어들고 있었다. 그 무렵 자료를 타이핑하다가 다시 놀라운 일이 벌어졌다. 나도 모르게 내 입에서 '만병통치약'이라는 말이 튀어나왔다. 그간에 읽었던 책과 자료의 내용들이 마구 떠오르면서, 모든 학설과 주장들이 체온 쪽으로 결집되고 있다는 것을 알았다.

　스스로 놀라서 아무 일도 할 수가 없었다. 만병통치약이라는 말을 되뇌며 방에서 서성거리고 있었다. 한동안 환희의 물결이 나를 휩싸고 돌았다. 가슴이 두근거리며 얼굴에 열이 나는 것 같았다. 자료의 제목을 「자가 면역 질환에 대하여」에서 「만병통치약」으로 바꿨다.

　큰 병은 깨달음을 주는 게 분명하다. 자신 위주로 바라보던 좁은 시각이 넓은 안목으로 바뀌기도 하고, 생각이 보다 더 긍정적으로 바뀌면서 정서를 편하고 아름답게 물들인다. 용서하는 힘과 고독을 견디는 힘은 커지고, 욕망과 위선의 부피는 줄어든다. 껍데기를 안고 뒹굴던 삶의 자락에 진심의 물이 들거나 마음의 뜰에 향기가 피어나는 전환점이 될 수도 있고, 세월을 낭비하지 않는 지혜를 얻을 수도 있다. 가치관이나 인생관이 바람직한 방향으로 바뀌기도 한다.

죽음에 가까이 다가가면 갈수록 인생을 뒤돌아보는 심정이 절실하다. 뭔가를 이루려고 생명의 심지에 불을 붙여본 적도 없고, 능력과 한계에 도전해 보지도 못한 내 삶이 뒤돌아보였다. 큰 꿈을 품지 못한 청년 시절엔, 에너지와 용기를 안일이라는 세월의 강물에 떠내려 보내고 말았다.

사랑을 위해 타지마할과 같은 궁전을 지은 적도 없고, 경외의 대상을 위해 헌신한 일도 생각나는 게 없다. 더 좋은 세상을 위해 내가 보탠 것이 무엇인지, 은혜는 제대로 갚았는지 분별하기도 힘이 드는 미지근한 범부의 삶이었다.

한편, 나의 몸이 나만의 것이 아니고 나를 아껴 주는 모든 사람의 것이란 생각도 하게 되었고, 자신과 가족의 부귀영화나 안녕만이 인생의 전부가 아니란 것도 새삼 깨달았다. 인간은 태어날 때 가족과 친척뿐만 아니라, 이웃과 나라와 인류에게 이바지해야 할 일정한 책무를 지고 태어난다. 그래서 우리는 생명의 존엄성을 인정받고 더불어 사는 대승적 삶을 흠모한다.

그러나 나의 삶이 자기 본위의 것이었음을 부정할 수 없고, 불의에 동조하거나 양심의 기둥을 허물어뜨린 욕된 삶은 아니었으나 스스로 만족할 만한 것은 아니었다. 죽음을 마주했다가 돌아온 그때, 하루하루 더 나은 인간이 되어야지, 아름다운 삶을 살아야지 하는 각오도 했다. 내 생애의 남은 시간을 예측할 수 없으니 세월을 허비하지 말아야겠다고 작심했다. 그

때 저 세상으로 가 버렸다고 생각하면, 병 이후의 삶은 덤으로 받은 선물과 같은 것이다. 선물을 보람 있게 쓰려고 노력하고 있다.

최근에는 체력이 좋아지면서 경조사에도 다니고 여행·사진 촬영·글쓰기 등을 하면서 정상적인 생활을 하고 있다. 친척이나 친구들, 그리고 내 얘기를 듣고 싶어 하는 사람들에게 나의 경험담과 만병통치약의 비법을 전해 주기도 한다. 처음에는 만병통치약이 있다고 하면 믿지 않는다. 그러나 내 얘기를 듣고 나면 상황이 달라진다. 고맙다고 몇 번씩 인사를 하는 사람도 있고 박수를 치는 사람도 있다.

체온이 우리 몸의 모든 키를 쥐고 있다. 그런데 땀이 요령을 부린다. 너무 많이 나서 체온을 과도하게 떨어뜨리기도 하고, 나지 않아서 열을 식히지 못하는 경우도 있다. 자율신경계의 이상으로 이런 현상이 나타나지만, 나의 경험에 의하면 쉽게 땀이 날 때는 체온이 낮을 뿐만 아니라 기력도 없었고, 땀이 정상적으로 분비될 때는 체온 유지도 잘 되고 컨디션이 좋았다. 쉽게 땀이 날 때와 그렇지 않을 때는 '땀이 나는 기준 온도'가 달랐다.

식은땀이 난다는 말은 땀이 나는 기준 온도가 낮다는 말이다. 숙면을 취하고 균형 잡힌 식사와 적당한 운동을 하고 혈액 순환을 원활하게 해서, 지속적으로 몸을 따뜻하게 하면 기준 온도가 높아진다. 이 기준 온도를 높이지 못하면 자꾸 땀이 나서 체온을 떨어뜨린다. 내가 투병 중일 때는 베갯잇이 흥건하게 젖어서 수건을 깔고 잘 때가 많았다. 쉽게 땀이 나는 체질을 바꾸지 않으면 면역력을 강화시킬 수 없다.

감기·포진·두통·무기력증 등이 오면 열이 난다. 쓸데없이 열이 나는 것이 아니다. 면역력을 강화시켜 병을 낫게 하려고 우리 몸이 스스로 체열을 올리는 것이다. 그래서 감기에 걸렸을 때 해열제를 먹고 열을 내리면 우선 견디기는 편하지만 오히려 더 오래 간다.

특히, 암은 35℃ 근처의 저체온에서 오는데 심장·소장·비장 세 곳은 암이 생기지 않는다. 이 중요한 장기는 스스로 발열하기 때문에 암이 안 걸리는 것이다. 반대로 암이 잘 걸리는 장기는 거의 모두 외기와 연결되어 있다. 위암·폐암·대장암·유방암·자궁경부암·구강암·목암·식도암 등이 그렇다.

암세포는 38.5℃에서 죽기 시작해서 42℃가 되면 전멸한다. 그래서 온열 치료법이 주목받고 있다. 병원에서 포기한 말기암환자가 고열을 수반하는 말라리아에 걸렸다가 자신도 모르게 완치된 사례도 있고, 일본에서는 하루 8시간씩 반신욕을 하면서 체온을 올려 말기암을 극복한 사람도 있다. 우리나라에서는 3,800번의 등산을 해서 말기암을 물리친 사람도 있다. 모두 자신의 체질에 맞는 방법으로 체온을 적극적으로 올린 사람들이다.

수많은 연구에서 밝혀졌듯이, 체온이 1℃ 올라가면 면역력이 5-6배 증강되고 1℃ 내려가면 30% 떨어진다. 이 숫자들은 단순한 숫자가 아니다. 인간이 발견한 기적의 숫자다. 체온이 우리 몸의 모든 키를 쥐고 있다는 사실은 이미 증명되었다.

나의 만병통치약은 '따뜻한 체온'이다. 그래서 나는 체온을 떨어트리는 찬 음식을 독이라고 말한다. 균형 잡힌 식사, 맑은 공기를 코로 호흡하기, 숙면, 일광욕, 적당한 운동, 스트레스 해소, 긍정적인 생각 등으로 체온을 올려야 만병통치약을 구할 수 있는데 특히, 면역 세포의 70%가 모여 있는 복부를 따뜻하게 해야 한다.

나처럼 반신욕이나 가스레인지에 데운 돌로 복부를 따뜻하게 하는 것도 좋다. 죽기 아니면 살기로 체온을 올리다 보면 분명 기적을 경험하게 될 것이다.

그런데 만병통치약은 파는 곳이 없다. 이 약을 구하는 방법은 나쁜 습관을 고쳐서 자연 친화적인 삶으로 돌아가는 것이다. 기후를 거스르지 말고 중력과 맞서지 말 것이며, 우리 몸의 생체 리듬을 무시하지 말아야 한다.

우리 몸의 세포 60조 개 중에 하루에 1조 개 이상의 세포가 새로 생기고 교체되는데, 오늘 생성되는 세포를 활기차고 튼튼하게 만들지 못한다면, 그런 세포를 만들 수 있는 환경을 만들어 주지 못한다면, 내일의 건강을 지킬 수 없다.

세포 중에 수명이 긴 적혈구가 120일간 생존하니까 평균 수명을 81세로 가정하면, 우리 몸은 246회 이상의 리모델링을 한다는 얘기이고, 튼튼하고 건강한 세포로 리모델링을 하지 못하면 병이 오거나 노화가 촉진된다. 건강한 세포를 지속적으로 만들 수 있는 환경을 조성해서 면역력을 강화시키는 것이 만병통치약이다.

앞으로 건강이 허락하는 한 난치병과 싸우고 있는 환자나 건강이 좋지 않아 고생하시는 분들에게, 이 세상에서 가장 위대한, 경험이란 스승이 가르쳐 준 만병통치약의 비법을 전해 줄 생각이다. 절망감에 허덕이는 사람들을 위로해 주고 싶다. 나는 난치병은 있어도 불치병은 없다는 말을 믿는다. 면역력만 강화시키면 낫지 못할 병이 없기 때문이다.

건강보다 더 소중한 것은 없다. 건강을 잃으면 모든 것을 잃는다는 말도 있고, 쇼펜하우어는 "병든 제왕보다 건강한 거지가 낫다"고 했다. 자가 면역 질환이나 난치병, 그리고 병마에 시달리는 모든 분들이 만병통치약으로 기적을 이루기를 소원한다. ❇

고무줄놀이

　부부간의 삶이란 한평생 가운데 표시를 한 고무줄을 마주잡고 하는 놀이와 같다. 고무줄을 잡고 세파를 헤치며 함께 나아가는 것이다. 가운데 눈금은 사랑·건강·꿈·행복을 향해 나아가는 두 사람의 마음의 꼭짓점이다. 생각과 습관이 다른 두 사람이 긴 세월을 한 울타리 안에서 살아야 하므로 놀이처럼 즐겁고 고무줄처럼 신축성이 있어야 한다. 처음엔 서로가 끝을 잡고 멀리 떨어져 있지만 차츰 눈금에 가까워져야 한다.
　결혼 초기에는 각자 다른 환경과 정서 속에서 살던 습관의 차이를 이해하고 극복하는 노력이 필요하다. 줄을 놓아 버리거나 함께 눈금을 향해 서로 다가가지 못하고 멀어지면 벼랑이다. 부부란 의외로 벼랑 가까이 사는 사람들이다. 그러나 걱정할 필요는 없다. 평생토록 벼랑이 가까이 있는 줄도 모르고 사는 사람들이 더 많다.
　놀이에도 규칙이 있고 그것을 지켜야 재미가 있다. 바람을 피우는 것은 말할 것도 없고, 손찌검이나 무시하는 말을 하는 것도 규칙 위반인 동시에 고무줄놀이를 파탄에 이르게 한다. 서로 신뢰를 잃지 않고 지향점의 위치도 확인하면서 보폭과 속도를 맞추며 전진해야 한다. 눈금이 한쪽으로 치우치는 것은 자기주장이 강하거나 이기적인 결과이고, 고무줄이 끊어지는 것은 소통이 안 되는 상태다.
　한 부부가 이루는 가정은 자녀의 출산과 교육, 부모의 봉양, 서로의 도움이 필요한 일상생활, 경제·종교·문화·취미 생활, 병고의 극복과 가족의 꿈 등으로 비벼진 비빔밥이다. 비빔밥의 간과 맛은 부부뿐만 아니라 가족 구성원의 입맛에 맞춰야 한다. 조금쯤 자기 입맛에 맞지 않을 수도 있지만 다른 가족이 좋아하면 양보할 수도 있어야 하고, 가족이 함께 최선의 길을 모색해야 한다.

가족 사이만큼 서로라는 말이 필요하거나 소중한 인간관계도 없다. 가족 각자가 본분에 충실하고 정서의 조화가 잘 이루어지면 행복을 누리는 것은 물론이고, 구성원 모두가 발전할 수 있는 에너지도 극대화된다. 그래서 훌륭한 가정에서 위대한 인물이 탄생하는 경우가 많다.

결혼할 때는 상대를 행복하게 해 주겠다는 굳은 각오를 하고 시작하지만, 인간은 익숙해지면 상대를 잘 못 보거나 소홀히 생각하는 어리석은 습성이 있어서 관계가 틀어지기 쉽다. 평소에 공기와 물의 소중함을 모르듯이 가족의 소중함을 망각하는 경우가 허다하다. 세월이 흐를수록 상대의 장점은 희미해지고 단점이 도드라지게 보여서 미움이 자꾸 고개를 들기도 한다. 자기 본위로 생각하기 때문이다.

특히, 스트레스를 받고 있거나 피로할 때는 서로 조심해야 한다. 자신도 모르게 난폭한 언행이 튀어나올 수 있기 때문이다. 부드럽고 따뜻한 말이 화목과 행복을 먹여 살린다고 해도 지나치지 않다. 화가 날 때는 무조건 입을 다물어야 한다. 다툴 수는 있지만 가슴에 박혀 못이 될 말은 삼가야 하고, 다툰 다음에는 빨리 풀어야 한다. 긴 시간 화해를 하지 않고 지내는 것은 스스로 극심한 스트레스를 지속시키는 어리석은 짓이다. 언어 습관은 부부뿐만 아니라 일생을 두고 봐도 아주 중요하다.

　자주 티격태격하는 젊은 부부를 보고 연세 많으신 어른들이 너무 붙어 있어서 그렇다고 한다. 경험에서 나온 지혜로운 말이다. 떨어져서 자신을 돌아보는 시간을 갖다 보면 자신도 모르게 미움은 사라지고 가슴이 따뜻해지면서 정이 솟는다. 자신을 제대로 인식하지 못하면 대상을 바로 볼 수가 없다. 떨어져 있는 시간을 잘 보내면 부부랑 가족의 소중함을 깨달을 수 있는 좋은 기회가 된다.

　부부란 하나가 되는 것이 아니고, 서로의 차이를 인정하고 한 곳을 바라보는 관계라는 말이 있다. 동질성을 강요하거나 통제하려 들지 말고, 서로 있는 그대로 인정하고 이해해야 한다. 상대를 변화시키려는 생각은 갈등만 유발시킬 뿐 실제적인 변화는 불가능하다. 서로 원하는 것을 헤아리는 마음이 필요하다. 자신이 해 줄 것은 생각하지 않고 원하는 것만 요구하면 부부는 위기를 맞을 수밖에 없다. 상대를 소중하게 생각하지 않는다면 자신도 소중한 대접을 받을 수 없다. 부부간에는 뭐니 뭐니 해도 마음을 편하게 해 주는 것이 가장 중요하다.

　그리고 가끔 용돈이나 경조사 참석 문제와 같은 친가와 처가의 일로 갈등이 생기는 수도 있는데, 그것은 거의 모두 자기 본위적인 생각에서 비롯된다. 나의 경험에 의하면 친가는 아내가, 처가는 남편이 챙기는 것이 가장 바람직하다. 그러나 반드시 사전에 상의해야 한다. 양가의 부모 공경이나 친척들을 생각하는 일은 때와 형편에 맞게 최선을 다해야 한다. 부모가 돌아가신 뒤에 후회할 수도 있다.

부부 사이는 평등성이 확보되지 않으면 조화를 이룰 수 없는 특성을 갖고 있다. 제아무리 강한 남자라도 아내의 모성 앞에서는 철없는 막내아들이 되는 수가 있고, 아무리 센 여자라도 남편의 굳은 의지와 열정 앞에서는 수줍은 소녀가 될 수도 있다. 때에 따라 아내는 남편에게 딸·간호사·어머니도 될 수 있고, 남편은 아내에게 오빠·아버지·스승도 될 수 있다. 노년에 접어들면 의리 있는 든든한 친구 같은 사이가 가장 좋다.

요즘엔 독신자도 많고 기혼자들이 쉽게 헤어지기도 하면서 부부의 의미를 가볍게 보는 경향이 있지만, 성직자가 아닌 다음에야 행복하다거나 아름다운 인생이란 말을 할 때 부부가 함께 하는 삶을 빼고 얘기하기는 어렵다. 둘이서 함께 아름다운 일생을 창조하는 소중한 관계인 동시에, 인간 세상을 영속시키는 운명적인 관계다.

부부란 서로에 대한 신뢰와 존경, 양보와 배려 없이는 지속될 수 없는 고무줄놀이다. 또한 이 네 가지는 진실과 소통이 없으면 지속이 불가능하다. 진실을 공유하지 못하거나 각자 비밀이 많은 부부는 행복할 수도 없고 언젠가는 금이 가게 마련이다. 모든 인연이 다 그렇지만, 부부간에는 소통하지 못하면 곧바로 벼랑으로 내몰린다. 그러나 소통하기가 좋다. 몸과 마음으로 소통할 수가 있기 때문이다. 그래서 부부 싸움은 칼로 물 베기란 말이 생겼는지도 모른다. 부부가 벼랑 가까이 사는 것은 맞지만, 이 네 가지가 있다면 그 벼랑은 잔디가 푸르고 꽃이 피는 행복의 언덕으로 변하는 게 분명하다.

때로는 헌신이 필요한 경우도 있다. 병마에 시달리거나 고통을 겪고 있는 상대를 위해 헌신할 수 없는 사람은 부부 자격이 없다. 어떤 어려움이 닥쳐도 고무줄을 놓지 않을 사람이란 믿음이 있으면 결속력은 강해진다. 이와 함께 부모와 자식을 돌보는 일은 인륜의 근본이고 부부의 책무다. 이런 일들을 할 수 없다면 아예 부부의 인연을 맺지 말아야 한다.

부부는 나이 들면서 취미 생활이나 함께 즐거운 시간을 보낼 수 있는 둘만의 아이템을 만들어 나가야 한다. 여행·예술 분야·운동·봉사나 종교 활동·가벼운 일 등 어떤 것이라도 좋다. 텃밭을 가꾸거나 민화투를 치더라도 함께 시간을 보내는 것이 중요하다. 혼자만의 무료한 시간을 달래 주는 것도 부부가 해야 할 일이다. 개별적인 생활을 하면서 오랜 시간이 흐르면 상대가 삶의 소중한 동반자가 아니라, 오히려 귀찮은 존재로 느껴질 수도 있고 애틋한 정도 없어진다.

행복하고 싶다면, 서로 짐이 되지 않도록 건강을 지키면서 고무줄이 끊어지지 않도록, 눈금이 기울지 않도록 정성을 다해야 한다. 상대에게 스트레스를 주는 것은 물론 금물이다. 지킬 것은 지키고 양보할 것은 양보하면서, 서로에게 필요한 존재가 되도록 노력해야 한다.

또 한 가지 명심해야 할 것은 잘못을 지적하지 말고 장점과 잘한 일을 칭찬하라는 것이다. 알면서 잘못을 저지르는 사람은 한 사람도 없다. 칭찬과 격려에 인색하지 않고 웃음을 잃지 않는다면 행복하고 즐거운 고무줄놀이를 할 수 있다.

서로 인품의 향기와 정서, 그리고 세월에 물들어 가며 사는 게 부부다. 물이 잘 든 부부는 보기만 해도 좋다. 좋은 부부는 독신자들이 알 수 없는 인생의 맛과 향기를 누릴 수 있다. 그들은 사랑과 미움, 이기와 고난의 준령 너머에 있는 대평원에 이른 자들이다. 이들은 세상에 도움 되는 에너지를 기하급수로 창출한다. ❈

돈

돈은 인생을 그리는 물감이다. 큰 그림을 그릴 수도 있고, 작은 그림을 그릴 수도 있다. 작은 그림이라고 명작이 되지 말라는 법이 없고, 큰 그림이라고 전부 명작은 아니다. 모든 예술가들이 그러하듯이 인생도 자기만의 독창적인 것을 그려야 한다.

물감을 함부로 낭비하거나 아까워서 그림을 못 그리는 것은 어리석기 짝이 없는 일이다. 음식이 먹기 아까워 굶어 죽는 사람이나, 물감이 아까워서 그림을 그리지 못하고 쌓아 두고 죽는 사람은 똑같은 사람이다. 내 경험에 의하면 돈에 인색한 사람은 인정을 베푸는 데도 인색한 경우가 많았다.

운때가 맞으면 자신의 능력이나 노력과는 무관하게 큰돈을 쥘 수도 있고 유산을 물려받을 수도 있지만, 돈을 쓰는 것은 완전히 자기 의지에 달려 있다. 그래서 돈은 버는 것보다 쓰는 것이 더 어렵다는 말이 생겼는지도 모른다. 그럼에도 돈을 잘 쓰는 법을 가르치는 곳은 없고 버는 방법만 가르치는 곳이 넘쳐난다.

지식과 욕망이 합세하여 무자비한 돈벌이를 추구한다. 도덕성을 상실한 돈벌이까지 횡횡하면서 세상을 어지럽게 한다. 개인뿐만 아니라 국가 간의 무한 경쟁도 문제다. 경제 대국의 악성 펀드가 전 세계의 유능한 기업을 삼키는 것이 시장 경제 원리에는 부합할지 모르나 인류에게 유익한 일은 아니다. 시장 경제를 존중하지만 돈만을 위한 무자비한 부의 횡포를 지지하지는 않는다.

　돈을 버는 것에 집중되고 있는 에너지를, 쓰는 것에 분산시켜 균형을 맞춰야 한다. 이렇게 말하면 오해하는 사람이 있을지도 모르겠다. 하지만 나는 시장 경제와 자유 민주주의를 신봉하는 사람이다. 사유 재산 제도를 제한하고 제도적인 분배를 강조하던 사상은 이미 폐기된 것이나 마찬가지다.

　사회주의나 공산주의 국가의 몰락이 분명하게 가르쳐 주었다. 자유 의지로 돈을 유익하게 쓰자는 말이고 또, 그런 사람이 많은 사회를 만들자는 얘기다. 그래야만 정신이 물질문명의 발전에 뒤처지면서 물질 쪽으로 편향되어 버린 돈의 흐름도 바로 잡을 수 있다.

　아울러 돈과 불의의 결탁도 막아야 한다. 돈과 권력·폭력·사이비 종교 간의 결탁은 사회의 발전을 가로막고 우리의 삶을 멍들게 한다. 특히 돈과 정치의 결탁은 형체도 힘도 가늠할 수 없는 괴물이 정의를 위협하는 세상으로 만들어 버린다. 포퓰리즘에서 보듯이 정치적 목적을 위해 국민을 기만하는 도구로 쓰이기도 하고, 어떤 정치 집단은 기아에 허덕이는 국민들을 외면하고 군비 확장에 돈을 퍼붓는다.

　독재 권력이나 전체주의 국가에 돈이 모이는 것은 위험천만한 일이다. 전쟁의 불씨가 되거나 악정을 지속시키는 에너지가 된다. 이들은 순식간에 평화를 불태우고 인권을 유린할 수 있다. 이런 결탁이 인류의 꿈과 행복을 파괴한다. 반드시 막아야 한다. 그러면 차츰 대두되고 있는 자유 시장 경제의 문제점을 해결하는 동시에 인류의 삶을 발전시킬 수 있을 것이다.

　황금만능주의가 심각한 단계에 이르러 돈이 인류의 번영이나 행복으로 가는 수단이 아니고 목적이 되어 버린다면 자본주의의 몰락이다. 그런 혼돈의 길을 가지 않기 위해서는 특별한 노력이 필요하다. 돈을 유용하게 쓰는 법을 체계적으로 직접 가르칠 필요가 있다. 돈이 가치 우위의 방향으로 흘러가고, 부의 사회 환원이 자연스럽게 이루어지는 사회로 가는 데 도움이 될 것이다.

또한, 부도덕한 돈벌이나 나만을 위한 부의 축적이 부질없다는 생각이 확산되고, 더불어 사는 삶이 인류의 행복을 보장한다는 인식이 보편화되는 시대를 맞이할 수도 있을 것이다. 이 중요한 분야를 개척할 인재가 나타나기를 기대한다. 이와 함께 사회 운동으로 확산되면 좋겠다.

자기는 호의호식하고 살면서 병마에 시달리거나 추위에 떨며 외롭게 사는 부모를 본체만체하는 불효자도 있고, 가난한 이웃들의 고난을 외면하는 가진 자들도 많다. 일확천금(一攫千金)을 노리면서 마약을 만들고 밀매하거나, 더욱 강력한 무기를 만들려고 밤낮을 가리지 않고 몸부림치는 집단도 있다.

돈벌이가 된다면 인류와 도덕에 반하는 일을 스스럼없이 자행한다. 돈 때문에 살인·사기·도둑질을 하는 사람들이 있는가 하면 심지어 부모나 친·인척을 살해하는 인간도 있다. 반인륜적인 사건의 대부분이 돈 때문에 일어난다고 해도 과언이 아니다.

지구촌에는 굶어 죽는 사람과 치료비가 없어 죽어 가는 사람도 많다. 한편으론 자신도 넉넉하지 않은 사람이 불우한 이웃을 돕는 사람도 있고, 평생 모은 재산을 사회에 환원하는 사람도 늘고 있다. 돈은 아름다운 인생을 그릴 수 있는 물감이 분명하다.

　그 물감을 어떤 붓에다 찍어서 어떤 그림을 그리는가는 오로지 자신에게 달려 있다. 돈을 재화나 노동력을 구하는 데만 쓰는 것은 한두 가지 물감만으로 그림을 그리는 것과 같다. 누군가는 돈으로 물건을 사지 말고 경험을 구하라는 지혜로운 말을 했다.

　굶주림으로 죽어 가는 사람을 살릴 수도 있고 인류의 미래가 걸린 교육에도 투자할 수 있으며, 질병·테러·전쟁·자연재해를 근절하고 복구하는 데 쓸 수도 있다. 문화·예술의 발전을 위해 물감을 풀 수도 있다. 명작을 그릴 수 있는 방법은 수없이 많다.

　다이아몬드 반지 살 돈으로 끼니 굶는 아동들의 식비를 대주거나 독거노인들에게 연탄을 기부한다면 박수 소리가 얼마나 클까. 지체가 부자유한 사람이 차가운 땅바닥을 기면서 구걸할 때 외면하지 말고 만 원짜리 한 장을 줘도 좋다. 아니면 그 돈으로 세계 여행을 하든지, 오페라나 연극을 감상한다고 해도 돈의 가치가 더 높아질 것이다. 많은 돈이 아니라도 얼마든지 아름다운 마음을 표할 수 있고 가치 있게 쓸 수 있다.

　그리고 근검절약하며 모은 전 재산을, 자신의 인생은 생각하지 않고 무조건 자녀에게 물려주는 것도 지혜로운 일은 아니다. 결코 자녀의 인생이 내 인생이 될 수 없고, 물려준 사람이 보람을 느낄 수 있는 경우도 많지 않다. 물려받은 자식이, 게으르고 방탕한 생활을 하는 원인이 되거나 형제나 친인척 간 다툼의 불씨가 되어 인간관계를 해치는 독이 될 수도 있다. 많은 재산을 물려받은 사람이 거들먹거리며 인생을 낭비하는 것을 흔하게 본다. 우리 주변에도 재벌 3세들이 저지른 땅콩 사건이나 운전사 폭행과 같은 어처구니없는 일들이 수시로 일어나고 있다.

돈이 많다는 것이 결코 자랑거리는 아니다. 많이 가진 만큼 세상을 위해, 남을 위해 해야 할 일이 많다는 것이고, 그것을 잘 못하게 되면 오히려 원망을 살 수도 있다. 돈을 잘 못 쓰는 사람들이 주로 빠지는 깊은 우물 같은 허영심도 일종의 병이다. 이런 사람들은 자신만을 위해 돈을 쓰지만 늘 허기진다. '이 세상에 허영심을 만족시킬 금고는 없다'는 말이 있다.

돈을 위해 양심과 명예를 버리는 사람이 있는데, 이것은 자기 발로 불행의 감옥 속으로 걸어 들어가는 어리석은 짓이다. 공자는 이런 일을 경계해서 "의롭지 않으면서 부귀해지는 것은 나에게는 뜬구름과 같다"는 말을 남겼는지도 모른다. 돈을 위해 살다 보면 돈은 달아나고 황폐한 삶이 기다린다. 이런 사람들이 한둘이 아니었기에 부자 삼대 못 간다는 격언까지 생겼을 것이다.

돈은 은혜를 갚거나 소중한 가치를 지키는 데 유용할 뿐만 아니라, 불의를 응징하고 정의를 신장시키는 데도 필요하다. 부의 불균형을 해소하고 더불어 잘 살 수 있는 세상을 만드는 데 도움도 된다. 결국 나만의 그림을 그릴 수 있는 물감이 아니라, 인류와 자연계 전체의 그림을 그리는 데도 유용하다.

그래서 돈을 잘 쓰면 자기 인생의 성공뿐만 아니라, 인류의 번영을 이루고 평화와 자유를 지키는 데 공헌할 수도 있다. 경주 최 부자와 노벨, 그리고 척 피니*가 그걸 증명해 주었다. 그러나 아쉽게도 그런 사람은 많지 않다.

물감을 창고 속에 넣어 두고 죽으면 수년 내에 그 물감은 썩어 버릴 것이고, 아름다운 그림은 탄생하지 못할 것이다. 돈은 쓰기 위해 모으는 것이지, 결코 모으는 것 자체가 목표는 아니다. 잘 쓰면 황금이요, 잘 못 쓰면 똥이거나 독약이다. 그리고 쌓아두면 쓸모없는 종이와 다를 바 없다. '내 돈은 내가 갖고 있는 돈이 아니라 내가 쓴 돈이다'라는 말도 있다. ✺

* 척 피니: 미국의 자선 사업가. 빌 게이츠의 롤 모델이고 워렌 버핏은 나의 영웅이라고 말했다.

죄수 번호

　서울의 S병원은 입원 환자들에게 이름과 생년월일 그리고, 성별을 나타내는 주민등록번호의 뒤 첫 자리 숫자 등 여러 숫자가 적힌 이름표를 손목에 채워 준다. 환자에 대한 기본 정보가 기록되어 있다. 얇고 부드러워 차고 있기에 불편하지 않았다.
　폐렴 증세로 응급실을 거쳐 입원했다가 퇴원하는 날, 환자복을 벗고 퇴원 수속을 하는데 내가 마치 평화롭고 살기 좋은 다른 세상으로 가는 기분이 들었다. 병실의 환자와 보호자들이 부러운 눈길로 퇴원을 축하해 주었다. 작별 인사를 하고 병실을 나서며 이름표를 풀려고 하니 잘 풀어지지 않았다.
　병실에서는 이미 인사를 나눴지만, 나를 정성껏 간호해 준 다른 간호사들에게도 퇴원 인사를 할 겸 간호사실에 들러 "이 죄수 번호 좀 풀어주세요" 하고 부탁했다. 나를 오랫동안 간호했던 나이가 어려 보이는 간호사가 다가왔다. 말이 낯설었는지 죄수란 말이 들어가서 그랬는지 잠시 눈이 동그래지더니 웃으면서 가위로 잘라 주었다. "아픈 사람은 전부 죄인입니다"라는 내 말에 "그러니까 다시는 아프지 마세요" 하며 또, 하얗게 웃었다.
　사실 아프다는 것은 가족과 친인척, 그리고 지인들에게 큰 수고와 걱정을 끼치는 일이다. 입원과 퇴원을 반복하면서 뼈저리게 느꼈다. 죄인도 그보다 더 큰 죄인이 없다. 특히, 전쟁터의 야전 병원을 방불케 하는 응급실에서, 침대가 모자라 바닥이나 의자에 환자를 뉘어 놓고 초조하게 진료를 기다리는 가족들은 고문을 당하는 것과 다를 바 없다. 복도에서 하룻밤을 지내고 응급실로 들어간 나는 침대를 차지했지만, 가족들은 간이침대나 의자에 앉아 밤을 새기 일쑤였고, 한순간 한순간 애가 타는 모습이었다.

구급차의 경보음과 환자들의 신음 소리가 끊이지 않았고, 가끔 심폐소생술을 받아야 할 환자가 도착하면 응급실은 초긴장 상태로 돌변하곤 했다. 잠을 자기는커녕 졸기도 힘든 상황이었다. 아내는 내 병간호 중에 몸살이 나서 약을 지어다 먹기도 했다. 걱정한다고 나 몰래 약을 먹고 있었는데 나는 퇴원 무렵에야 알았다.

'죄수 번호'를 잘라 내고 나니, 그동안 잠시도 내 곁을 떠나지 않고 병간호를 하면서 고생한 아내에 대한 뜨거운 마음이 가슴에 가득했다. 아내는 운동량이 부족한 나의 혈액 순환을 촉진시킨다며 하루도 거르지 않고 아침저녁으로 등을 두드리고 다리를 주물러 주었는데, 같은 병실의 한 환자는 우리를 신혼부부 같다고 했고, 또 한 분은 아내에게 특별 간호 수당을 받아야 되겠다고 했다.

아내는 친척들이 가져온 과일이랑 음식을 병실의 환자들과 나눠 먹기도 하고 보호자 없는 환자의 식판을 치워 주기도 했는데, 이런 저런 행동을 좋게 보았던지 병간호를 하던 아주머니 네댓이 아내에게 연락하고 지내자며 핸드폰 번호를 적어 달라고 했다. 생사를 다투는 환자들로 가득한 병동에서 내일을 약속하는 모습은 보기가 좋았다.

제주 · 울산 · 춘천 · 영천 등 먼 곳에서 반찬이랑 먹을 것을 사들고 병문안을 온 사람들과, 입맛이 없어 음식을 잘 못 먹는다는 말을 듣고 온갖 반찬을 해다 준 서울의 친인척들 얼굴이 떠오르면서 가슴이 따뜻했다. 고열에 시달리고 있어서 가까운 친척 말고는 입원 사실을 알리지 않았는데도, 어떻게 알았는지 직접 병문안을 오거나 쾌유를 빌면서 격려 봉투를 전해 준 고마운 분들이 여럿 있었다. 그분들께 고맙고 죄송했다. 퇴원을 하게 되니 나도 은혜를 갚을 기회가 있겠다는 생각이 들었다.

이 세상에 건강보다 더 소중한 것은 없다. 건강을 잃으면 한순간에 꿈은 산산조각이 나버리고, 인간관계는 단절되거나 퇴보하고 만다. 깨져 버린 거울이 그렇듯 꿈을 잃은 인생 또한 아무짝에도 쓸모없다. 인연을 비롯한 모든 소중한 것들이 물거품이 되고, 생명 자체가 짐이 되고 만다.

이런 일을 당하지 말고 살아야지, 나를 아껴 주는 사람들에게 죄를 짓거나 슬프게 하지 말아야지, 다시는 팔목에 '죄수 번호'를 차지 말아야지 하며 주먹을 쥐고 병원을 나섰다. 병원 앞 비탈에서 나목의 가지를 흔들며 놀던 초겨울 바람이 달려와 퇴원을 축하하듯 덥석 가슴에 안겼다. ❇

입 닫고 지갑 열고

늙어 가는 사람의 가장 큰 고민은 소외당하는 것이다. 가족으로부터, 친구로부터, 사회로부터 소외당하는 것은 삶의 의미를 송두리째 빼앗기는 상실감을 준다.

최근 라디오 방송에서 들은 말 한마디가 가슴을 쳤다. 늙어 가면서 존경받으려면 "입을 닫고 지갑을 열어라"는 말이다. 예전엔 노인 냄새가 난다, 술·담배 냄새가 난다는 이유로 미움을 산 적이 많았지만 요즘엔 그런 경우는 많이 줄어들었다. 싫어하는 이유를 알고 고쳐 가고 있기 때문이다.

그런데 이 말은, 늙어 가면서 말이 많아지고 지갑을 잘 열지 않는 잘못을 반복하고 있는 노인들의 생활 습관을 꼬집고 있다. 정신은 흐려지고 심심하니, 사람을 만나면 말이 길어지거나 한 말을 되풀이하게 되고, 수입이 없으니 지갑을 자주 열 수 있는 형편이 못된다.

어떤 사람은 여유는 있으나 평생 근검절약하면서 살아온 습관 때문에 지갑을 열지 못하는 경우도 있다. 모았다가 더 큰돈으로 뜻있는 곳에 쓰려는 것도 아니면서 비리게 사는 사람들이 있다. 노년엔 이기심에 휩싸이지 않도록 경계해야 한다. 분명 수의(壽衣)에는 주머니가 없다.

소외를 자초하는 상황을 미리 차단해야 한다. 언어 습관을 바꾸고, 늙기 전에 큰돈은 아니더라도 손주나 친구들에게 자주 지갑을 열 수 있는 여유를 가질 수 있도록 대비해야 한다. 맨날 친구들에게 밥이나 술을 얻어먹고, 친척들에게 무엇을 바라기만 한다면 소외는 필연이다. 특히, 경제적인 여유가 있음에도 불구하고 지갑을 열지 못하는 것은 아둔하기 짝이 없는 일이다. 구두쇠라는 인상을 주면 모든 인연이 말없이 떠나간다. 소외의 첩경이다.

소외감이 그것으로 끝나지 않고, 가슴속으로 들어와 외로움으로 발전하게 되면 문제는 심각해진다. 무력감이나 우울증으로 연결되어 삶의 의욕을 상실할 수도 있다. 목숨은 살아 있으나, 즐거움도 없고 의미도 없는 삶이라면 그보다 더 불행한 일은 없다. 외로움을 견디다 못해 자살하는 노인이 많다는 기사도 흔히 본다. 이렇게 되면 일생을 아름답게 마무리할 수 없다.

그냥 지나칠 수도 있는 이 말이 왜 그렇게 크게 들렸는지 이제야 짐작이 간다. 늙어 가면서 그 무서운 소외감과 외로움을 미리 차단할 수 있는 지혜가 스며 있는 말이기 때문이다.

노년에 큰 업적을 이루어 자신의 존재 가치를 알리고 관심을 끌려는 생각도 할 수 있겠지만, 순리의 길이 아니면 가지 않는 것이 좋다. 이 말은 발전을 도모하지 말자는 얘기가 아니고 과욕을 부리지 말자는 얘기다. 형편에 맞게, 하고 싶은 일과 운동을 하면서 즐겁게 산다면, 노년에도 건강과 삶의 보람을 누릴 수 있을 것이다. 세월과 맞바꾼 경험과 통찰의 지혜를 후대에 전하는 것도 좋은 일이다.

그러나 뭐니 뭐니 해도 노년에 가장 중요한 것은 입을 닫고 지갑을 여는 것이다. 이것만으로도 소외의 무서운 형벌을 피할 수 있을 것 같다.

우울증

봄은 왔는데 슬프다. 꽃은 피는데 자꾸 눈물이 난다. 무엇 하나 결핍을 찾을 수 없는데 사는 재미가 없다. 번뇌 망상이 들끓으며 잠이 오지 않는다. 아침에 일어나기가 힘이 들고 맨날 늦잠을 잔다. 사는 게 별반 다르지 않건만 오직 자신만 재수가 없어서 나쁜 일이 연달아 일어난다고 생각한다. 사소한 일에 화가 치밀면서 참기가 힘이 들고 가족이든 친구든 내 편은 아무도 없다는 생각이 든다. 스트레스에 취약해지면서 폭식을 하는 경우도 있다. 늘 불안하고 강박증이 심하다. 말하기도 싫고 혼자 있고 싶다. 폐쇄된 생활이 이어진다. 죽고 싶다. 이런 것들이 우울증의 증세다.

좀 더 심해지면, 자기 혼자 질긴 재질로 된 큰 풍선 속에 들어간 기분이 들면서 숨이 막힐 것 같다. 스스로를 마음의 감옥에 가두고 자학한다. 조그만 스트레스에도 견디기가 힘들어진다. 차라리 죽어 버리는 게 낫다고 생각한다. 결국, 인터넷의 자살 사이트에 들락거리면서 죽는 방법을 생각하기도 하고 실제로 자살도 한다.

제주에 살 때였다. 아침에 산책을 나갔는데 아파트 옆 골목길에 사람들이 모여 웅성거리고 있었다. 구급차가 와 있고 우는 소리도 들렸다. 나도 잘 아는 B씨가 집에서 목을 매어 자살했다고 했다. 부자라고 소문난 이웃의 멋진 2층집 주인이다. 붉은 벽돌 담 위로 흰 목련이 피어 있었고, 2층 창문엔 예쁜 커튼이 쳐져 있었다. 40대 중반의 주유소 사장인데 물려받은 재산도 많고 자식들도 공부를 잘한다는 소문이 돌았다. 무엇 하나 부족한 것이 없는 사람이었다.

나랑 함께 바다낚시를 다녀온 적도 있고 가끔 차도 마시곤 하던 사람이다. 인품도 훌륭하고 좋은 사람이었는데 우울증을 이겨 내지 못했다. 가족들을 절망의 구덩이로 밀어 넣어 버리고, 이웃들에게는 삶이 이렇게 허무하다는 걸 잠시 생각하게 하고는 떠나 버렸다.

유명한 연예인이나 기업의 총수가 우울증으로 자살한 경우도 있고, 최근에는 차 속에서 연탄불을 피워 놓고 동반 자살했다는 기사도 여러 번 봤다. 내 주변에도 현재 우울증으로 고생하는 사람이 여럿 있고, 심한 우울증을 경험한 사람들도 있다. 손목을 칼로 긋거나 약을 먹고 자살을 기도했던 사람도 있고, 항우울제를 먹는 사람도 있다.

내가 완치가 어려운 병에 걸려 살아야겠다고 발버둥 치면서 건강 관련 책들을 읽고 많은 자료를 수집했었는데, 그때 얻은 상식을 이들에게 수시로 전해 줬다. 우울증은 생활 습관을 바꾼다면 분명 고칠 수 있는 병인데도, 의사나 남의 말을 듣지 않고 습관을 고치지 못하기 때문에 심해지는 경우가 대부분이다.

우울증이나 신경 쇠약은 불면증에서 시작되고, 불면증은 뇌를 쉬지 못하게 해서 뇌의 기능을 떨어트리는 동시에 정상적인 호르몬 분비를 방해한다. 그래서 잠이 잘 오지 않고 신경이 예민해지는 초기에 적절하게 대처하지 않으면, 체력이 떨어지고 신진대사가 둔화되면서 급속도로 악화된다.

그리고 초기에 스트레스성 폭식을 동반하는 경우가 많아서 갑자기 비만 체질로 바뀌는 수도 있다. 비만 자체도 서서히 건강을 악화시키는 일종의 병이므로 주의해야 하지만 우울증도 심해진다. 모든 병이 다 그렇지만 깊어지기 전에 적극적으로 치료해야 극복할 수가 있다.

우울증에서 탈출하는 방법은 여러 가지가 있다. 첫째, 항우울제를 쓰는 것이다. 중독성이 없기 때문에 상태가 좋아지면 언제든 끊을 수 있다. 그러나 정신신경과에 가는 것을 터부시하는 사람들이 머뭇거리다가 악화되는 경우가 많다.

둘째, 아침 햇볕을 쬐며 산책한다. 태양 에너지의 힘은 무궁무진하다. 해 뜰 무렵부터 오전 11시 사이에 산책을 하면 세로토닌 분비가 활성화된다. 우울증 환자들은 세로토닌 수치가 낮다. 세로토닌이 부족하면 행복감을 느낄 수 없고 멜라토닌까지 제대로 분비되지 않아 잠이 오지 않는다. 햇볕을 쬐면 세로토닌 분비가 활성화되는 것은 물론이고 14-16시간 후에 멜라토닌까지 활발하게 분비되면서 쉽게 잠이 온다.

셋째, 훌륭한 의사나 멘토를 만나 닫힌 마음의 문틈으로 바람을 불어넣는다. 어느 누구에게 죽고 싶다는 말만 할 수 있어도 도움이 된다. 속내를 털어놓을 수 있는 대화 상대가 필요하다. 가족·친구·이웃 누구라도 상관없다. 자주 여러 사람과 만나서 대화를 해야 한다. 우울증 환자를 혼자 두면 급격히 상태가 나빠지거나 위험하다.

넷째, 땀 흘려 운동을 하거나 일을 하면서 체온을 올리고 몸을 늘 따뜻하게 한다. 반신욕이나 물리적인 방법으로 복부를 따뜻하게 하는 것도 효과가 좋다. 우울증도 저체온 병의 일종이므로 체열을 올리면 신진대사가 원활해지면서 몰라보게 컨디션이 좋아진다. 따뜻한 체온이 우울증뿐만 아니라 면역력을 강화시켜 다른 병도 막아 준다. 몸을 움직이지 않으면 신진대사가 잘 될 수가 없고, 신진대사가 불량하면 저체온 상태로 빠지는 동시에 우울증이나 다른 병까지도 찾아온다.

우울증은 행복 물질이란 별명을 가진 세로토닌 부족과 직접적인 관련이 있다. 세로토닌 분비는 음식의 영향도 받지만 가장 확실한 방법은, 아침나절에 산책을 하는 것이다. 유산소 운동과 껌 씹기 같은 반복적인 행동이나 숲과 하늘을 바라보는 것, 그리고 초콜릿이나 바나나를 먹거나 탄수화물을 섭취하는 것도 도움이 된다.

흐린 날 낮에는 세로토닌 분비가 원활하지 못하고 반대로 밤에 나와야 될 멜라토닌이 질금질금 새기 때문에 힘이 없고 졸린다. 이런 날 부침개나 밀가루 음식이 당기는 것도 탄수화물 섭취가 세로토닌 분비를 돕기 때문이다. 이런 사실들을 알고 있다고 해도 대부분의 우울증 환자들은 의욕이 없고 의지력도 보통 사람들보다 떨어지기 때문에 스스로 실천하기가 힘이 든다. 누군가가 옆에서 습관이 되도록 도와주는 것이 필수다.

그리고 남성보다 여성의 경우 세로토닌이 부족한 경우가 많고 우울증 환자도 더 많다. 특히, 여성은 생리 전에 한동안 세로토닌 분비량이 현저하게 줄어드는 기간이 있다. 기름진 음식이 당기면서 집중이 안 되고 화를 참지 못하거나, 말이 거칠어지면서 예민해지는 때가 바로 그 시기다.

잘못 없는 아이를 두들겨 패기도 하고, 가족이나 친구에게 "내가 미쳤나 봐!" 하며 후회할 짓을 저지른다. 평소보다 손을 자주 씻고 충동구매를 참지 못하거나 도박·사랑 등에 집착 증세를 보이는 사람도 있다. 이 시기에 남들과 충돌을 일으켜서 대인 관계를 그르치는 수가 많다.

항우울제의 도움을 받으면서 우선 일주일 정도만 아침 산책을 하면 몸의 변화를 느낄 수 있다. 가라앉았던 기분도 살아나고 웃음도 되찾을 수 있다. 아침 산책을 3개월 정도 지속하면 자신이 느낄 수 있을 정도로 컨디션이 좋아진다. 세로토닌이 정상적으로 분비되면 특별하게 좋은 일이 없어도 행복감을 느낄 수 있다. 이때 자외선 차단 마스크는 해도 좋지만 선글라스는 끼지 말아야 한다. 동공으로 들어오는 태양 에너지만으로도 세로토닌 분비가 활성화되기 때문이다.

많은 건강 서적에서도 주장하고 있지만 나도 여러 사람에게 아침 산책을 권했고, 그들의 호전되는 모습을 직접 내 눈으로 확인했다. 이렇게 하다 보면 분명, '내가 왜 죽으려고 했지? 살아 있는 것도 행복이고, 걸을 수 있는 것도 행복인데. 잠잘 집이 있고 가족이 있는 것도 모두 행복인데 왜 죽으려고 했지?'라는 말을 할 것이다.

내가 오래 전에 들은 우울증 환자의 얘기가 아직도 생생하다. 죽으려던 사람이 죽기 전에 마지막으로 좋아하는 영화나 한 편 보고 죽겠다고 영화관에 가게 되었다. 돈이 없으니 조조 영화를 보려고 아침 일찍 일어나서 햇볕을 받으며 영화관까지 걸어가서 영화를 보았는데, 이 사람이 영화를 보고 나오면서 "내가 왜 죽으려고 했지?"라는 말을 했다는 얘기인데, 우울증과 아침의 태양 에너지의 상관관계를 잘 나타내고 있다. 물론 태양 에너지와 영화를 보고 싶은 의욕과 몸을 움직인 것, 그리고 영화의 내용 등이 함께 영향을 끼쳐서 죽고 싶다는 생각을 밀어냈겠지만 말이다.

낮이 짧고 흐린 날이 많은 북유럽에 우울증 환자가 많다는 것과, 농어촌에서 햇볕을 쬐며 일하는 사람들에게 우울증이 적다는 것이 태양 에너지의 위력을 말해 준다. 남성보다 여성 환자가 더 많은 것이나, 햇볕이 약해지고 야외 활동이 뜸해지는 늦가을부터 새싹이 돋아나기 전까지 우울증이 심해지는 것도 세로토닌이 잘 분비되지 않기 때문이다.

일거양득이란 말이 있지만 아침 산책은 일거 몇 득인지도 모를 정도로 건강에 유익하다. 골다공증 예방은 물론이고 면역력이 향상되어 감기에도 잘 걸리지 않는다. 산책은 오후가 좋으니 저녁이 좋으니 여러 주장들이 있지만, 우울증에는 아침 산책이 최고다. 걸으면 세로토닌과 노르아드레날린이 분비되는데 항우울제와 같은 효능이 있다.

우울증은 부지런하고 의욕적인 사람에게는 찾아오지 않는다. 사랑에 빠진 사람이 우울한 것을 보았는가? 부지런하고 땀 흘려 일하는 사람이 우울증에 걸리는 것을 보았는가? 오직 자신만 생각하며 게으르고 꿈이 없는 사람의 삶을 파먹는다. 스스로 극복하려는 의지 없이 우울증을 이기기는 어렵다. 아침 늦게까지 두꺼운 커튼을 쳐 놓고 방에서 뒹구는 사람은 우울증이 심해질 수밖에 없다.

과식이나 운동 부족, 그리고 밤늦게 자는 것과 같은 나쁜 생활 습관을 바꾸고, 아침나절에 산책이나 가벼운 운동을 하면서 신비한 태양 에너지의 도움을 받으면 헤어날 수 있다. 이 세상의 모든 생명체는 태양 에너지가 없으면 살 수가 없다. 우울증뿐만 아니라 암이나 골다공증 등 여러 질환

치료에 효과 만점이다. 인간에게 미치는 태양 에너지의 위대함을 명심해야 한다.

내가 생각하는 우울증의 최종 탈출구는 햇볕을 쬐면서 일을 하거나 운동을 해서 땀을 흘리는 것이다. 지속적으로 즐겁게 하면 좋고 집중할 수 있으면 더욱 좋다. 뇌 속에 거미줄처럼 얽혀 있는 생각들을 지우개로 지우는 효과가 있다.

근육은 쓰면 쓸수록 강해지고, 근육이 강해지면 체열이 올라가고 혈액순환과 신진대사가 원활해지면서 면역력도 상승된다. 물론 입맛도 좋아지고 잠자리도 편해진다. 많이 움직이고 낮에는 절대로 눕거나 앉아서 졸지 않겠다고 자신과 약속하고 실천해야 한다.

이런 생활이 반복되면 몸의 컨디션이 좋아지면서 의욕이 살아나고 생각까지도 긍정적으로 바뀌게 된다. 그러나 너무 급하게 생각해서는 안 된다. 꾸준하게 노력하다 보면 자신도 모르게 어둠을 벗어나 밝은 태양 아래 서서 웃고 있는 자신을 발견하게 될 것이다.

자주 우울한 기분이 드는 사람은 물론이고 이미 우울증에 접어든 사람도, 이 글을 쓴 나에게 속는 셈 치고 의사의 처방을 따르면서 내가 말한 것들을 실천해 보기 바란다. 죽기 아니면 살기로 생활 습관을 바꿔야 한다. 분명 기적이 일어날 것이다. 🌸

경포대에 벚꽃이 피면

경포대에 벚꽃이 피면, 마음에 때가 끼어 자꾸 삐거덕거리는 부부나, 바쁜 세월 핑계로 서먹해진 친구와 함께 경포호를 한 바퀴 걸어 보세요. 아니면 더 깊은 인연을 맺고 싶은 사람과 함께 해도 좋습니다.

자연이 주는 환희의 물결이 마음을 흔들어, 자신을 들여다보고 남을 생각하는 마음이 더 커질지도 모릅니다. 물론 다정한 사람끼리 함께 걸으면 무지 행복하겠지요마는…….

만개한 벚꽃과 수양버들이 웃으라고 합니다. 시비에 새겨진 시도 읽어 보고, 조각도 감상하고, 짝을 지어 노니는 물새들의 얘기에도 귀 기울여 보세요. 저의 귀에는 '행복은 멀리 있는 게 아니다'라는 말이 들렸습니다.

오고 가는 사람 모두 여기서는 화를 내면 안 되는 것처럼 환한 표정입니다. 한 바퀴를 다 돌지 않아도 어느새 근심 걱정은 사라지고 세월의 매듭이 풀리는 소리가 들립니다. 빗장이 풀린 마음의 문틈으로 좋은 인연의 얼굴이 보일지도 모르지요.

저는 경포대에서 오른쪽으로 돌아 솔밭까지 갔다가 되돌아왔는데, 솔밭에서 만난 어린이 조각들이 내 동심의 추억도 만나게 해 주었습니다. 초등학교에 다니던 철없던 그 시절보다 더 아름답고 행복한 때가 있을까요. 사진도 찍고 솔방울을 주워 소녀의 바구니에 담아 주며 한동안 조각 옆을 서성거렸습니다.

벚꽃이 노송 틈새로 고개를 내밀고 손짓을 해서 주변 산책로도 걸어 보았습니다. 그 순간, 바쁠 것 하나 없고 마음 구겨질 일 하나도 없다는 듯이 느긋한 이 사람이, 세월에 쫓기며 사소한 일에 안달하던 내가 맞나 하는 생각이 들었습니다.

인간들이 벌이는 어처구니없는 일들이 하도 많아서, 이 세상이 아름답다는 걸 잊고 살던 사람도, 벚꽃에 둘러싸인 경포대 높은 누각에 서면 본래의 마음을 찾을 수 있을 것입니다.

경포대에 벚꽃이 피면 호수 주변을 걸어 보세요. 마음의 짐이 가벼워져서 집으로 돌아가는 길이 온통 꽃길이 될 수도 있고, 가슴속에서 들려오는 '행복은 마음속에 있다'는 말을 되풀이해서 듣게 될지도 모릅니다. ✽

마음에 상처가 난 친구에게

오만한 인간이 속 좁은 냄비에 넣고 끓인 이념의 언어로 지껄이네. 그 침이 자네 마음에 튀어 상처가 났는데도 위로하지 못하는 나의 침묵, 용서하게.

세월이 바뀌면 완장을 찬 머슴이 죽창으로 주인을 찌르기도 하지. 쥐꼬리만한 힘에 취해 악덕을 저지르고, 그것을 정의라고 변명하는 인간을 믿었던가? 에머슨이 가르쳐 주지 않았나. 친구의 배신을 참아 내는 것도 성공이라고.

동류(同類)라는 믿음과 기대가 없었다면 생기지 않았을 그 상처, 무관심의 무덤에 묻어 버리고 편안한 밤을 보낸다면 나의 침묵 또한 용서받을 수 있겠지?

그러나 친구야. 너도 알지? 소중한 가치가 이념의 칼에 훼손되는 세월을 나 몰라라 하고, 조그만 행복의 바구니에 껍질 얇은 이기의 알을 담는 군중 속에 너도 나도 숨을 수 없다는 것을. 세월의 공범이 될 수 없다는 것을.

다시 뱀의 눈으로 나의 이 편지까지 훑어보겠지. 그리고 입맛에 맞지 않으면 또 침을 튀기겠지. 나의 사상과 생각이 소중하면, 남의 그것도 소중한 것인데……. 그 조그만 성취의 완장이 기고만장으로 물들면 자신의 일생을 스스로 죽창으로 찌를 수도 있다는 걸 알까?

한 인간이 잘 났으면 얼마나 잘 났을까? 너와 내가 착각, 혹은 작은 성과에 취해 남의 행복에 상처를 낸다면, 더불어 사는 세상에 독이 된다면 얼마나 서글플까. 덕과 겸양의 향기를 사랑하고 존경하는 세월이 그립네. 그 그리운 세월과 아름다운 우리의 일생을 꿈꾸며 이 가을밤을 편안하게 보내기를.

친구야! 침묵 속에 숨어 있는 진실, 그 소리 없는 소리를 너의 가슴은 듣고 있지? 이념이 다른 사람들과 논쟁하고 싶지 않은 나의 안일함으로 손을 묶고 너에게 응원하는 박수를 쳐 주지 못하는 나를 용서하게!

그러나 우리가 함께 머무는 곳, 이 자유와 사랑이 무성한 울타리를 지키려는 사람들이 보내는 응원의 마음이 너의 상처를 아물게 하는 밤이 되면 좋겠네.

늘 나를 이해하고 응원해 주는 소중한 친구야! 굿나잇! ✽

6. 딸에게

독서
-사랑하는 딸에게

독서는 책의 지은이와 마주앉아 개인 지도를 받는 것이다. 데카르트는 "좋은 책을 읽는 것은 과거의 가장 뛰어난 사람들과 대화를 나누는 것과 같다"고 했다.

귀뚜라미 울던 어젯밤엔 내 작은 서실에서, 톨스토이와 다시 마주앉아 삶의 지혜를 배웠다. 그리고 50대 중반 어느 날, 부처로부터 생명의 소중함과 자비에 대한 개인 지도를 받았다. 공자로부터 인륜의 근본에 대해 배우고 감동하던 때는 10대 후반이었고, 느티나무 그늘에서 시인들로부터 이 세상의 아름다움에 대해 전해 듣고 꿈을 꾸던 때는 20살 좀 넘은 무렵이었다.

절박한 심정으로 소크라테스, 쇼펜하우어와 마주앉은 적도 있고, 수년 전엔 워렌 버핏으로부터 재테크와 부의 사회 환원이란 주제에 대한 가르침을 받았다. 새무얼 스마일즈로부터 인격에 대해, 나탈리 골드버그로부터는 마음의 회초리를 맞아 가며 글쓰기에 대해 배웠다. 파이닝거로부터 사진 교육을 받은 이후 요즘도 사진을 찍고 감상하는 즐거움을 누리고 있다. 코스톨라니와 루이스나벨리에로부터는 주식 투자의 정도와 즐기는 법까지 배웠다. 그리고 제임스 아서레이에게서 생각과 느낌이 강력한 에너지를 갖고 있고, 에너지는 관심이 가는 쪽으로 흐른다는 것도 배웠다.

내 방에서 저마다 다른 향기를 내뿜고 있는 책들을 통해 수많은 지성들과 만난다. 공자·산티데바·플라톤·에머슨·니체·달라이라마·톨스토이·법정·라로슈푸코·헤르만헤세·피천득·제임스아서레이 등등. 특히, 아보 도오루는 내 자가 면역 질환을 치유하고 건강을 지키는 데 큰 도움을 주었고, 유치환은 '사랑했으므로 나는 진정 행복하였네'라고 고백하면서 지고지순한 사랑이 무엇인지 가르쳐 주었다.

이들과 마주앉아 아름답고 즐겁게 사는 법을 배운 것은 내 인생의 크나큰 행운이다. 젊은 날의 방황을 잡아 주고 가치관의 형성에 도움을 주었을 뿐만 아니라, 인생 전체를 바라보는 눈도 뜨게 했다. 행복이 어디에 있는지, 삶의 고뇌를 어떻게 풀어 가야 하는지를 알게 되었으며, 소중하고 아름다운 가치를 지키겠다는 각오도 하게 되었다.

그분들은 한결같이 이기심을 경계하고, 겸양의 미덕을 인격 수양의 근본으로 삼으며 신의를 잃지 말라고 가르쳤다. 인생의 유일한 대로가 덕의 길이란 것도 알려 주었다. 인간의 근본중의 근본은 은혜를 잊지 않는 것이고, 용서는 남을 용서하는 게 아니라 결국 자신을 용서하는 것임을 알았다.

이 세상의 모든 불행이 이기심에서 온다는 것과, 배신을 참아 내는 것도 성공이라는 놀라운 가르침도 받았다. 실제로 뼈아픈 배신을 이겨내는 데 큰 도움이 되었다.

사랑하는 딸아!
책의 지은이와 마주앉아 개인 지도를 받는 것은, 통찰력을 키워줄 뿐만 아니라 자신을 알고 발전시키는 데도 꼭 필요한 일이다. 언제든 우리가 원하는 곳에서, 시대를 뛰어넘은 위대한 지성들을 만나 인생의 지혜를 터득하거나, 자연과 인간을 바라보는 순수한 눈길을 배운다고 생각해 보아라. 정말 가슴 설레는 일이다.

그리고 책 속에 길이 있다는 말이 있고, 책 한 권이 하나의 세계란 말도 있다. 책을 읽지 않으면 영혼이 허기진다. 시야가 좁아지고 마음도 굳어 버려서, 지혜의 싹이 틀 수가 없고 사고의 확장도 일어날 수 없다. 양서를 많이 읽고 인연 닿는 사람들과 그 지혜와 감동을 함께 누려라. 그리고 아름다운 세상을 만드는 데 도움 되는 사람이 되어라. ✺

수저

우리 부부 슬하를 한 번도 떠난 적 없는 딸이 재수한다고 서울로 갔다. 허전한 마음을 달래느라고 한동안 애를 먹었다. 딸아이의 빈방이며 쓰던 물건을 볼 때마다, 문득문득 보고 싶은 생각이 나서 멍하니 하늘을 바라보기도 했다. 혼자 생활해 본 경험이 전혀 없는 딸이 잘 먹고 잘 자는지, 몸은 건강하며 낯선 사람들과 새로운 환경에 잘 적응하는지 걱정이 컸다.

끊이지 않고 일어나는 사건·사고 소식을 접할 때마다 마음이 편치 않았다. 그러던 중 전화와 편지를 통해 잘 있다는 소식을 듣고, 또 아내가 가서 직접 보고 와서 건강한 몸으로 잘 있다고 알려 줘서 걱정은 차츰 줄어들었다. 후에 나도 두어 번 가 보고 마음이 놓였다.

그런데 아내는 딸이 떠나 버리고 없는 식탁의 빈자리에 한 끼도 빼지 않고 딸아이의 수저를 놓고 있었다. 내가 아이도 없는데 왜 수저를 놓느냐고 물으면 그냥 웃기만 했다. 혼자 곰곰이 생각해 보았다. 수저를 놓을 때마다 딸 생각을 하는 것 같았고, 그 행위에는 객지에서 끼니 거르지 말고 건강하게 잘 있었으면 하는 어미의 소원이 담겨 있는 것 같았다. 서너 달 지난 후, 내 생각이 맞는지 슬쩍 떠보았더니 아내도 나와 같은 생각을 하며 식탁에 수저를 놓고 있었다. 어미의 자식 걱정이 식탁에서 사랑의 무늬로 나타나고 있었다.

가끔 식탁에 놓인 수저를 반듯하게 놓으려는 듯 만져 보기도 했다. 수저를 통해 딸에 대한 그리움이 더욱 깊어 갔다. 낮에는 수강 시간이 많아 통화하기 힘드니까 전화하지 말라는 말도 잊고 전화를 걸어 딸의 목소리를 들으면, 그리움이 기쁨이 되어 가슴에 고이곤 했다. 오늘 아침에도 수저를 만져 보며 식사를 하려는데, 반짝거리는 숟가락 잎에 "고생은 무슨!" 하며 웃는 딸의 모습이 언뜻 스쳐 지나갔다. ✻

딸에게

이 글은 아빠의 체취가 밴, 경험의 끈으로 묶은 생각이다. 네가 태어난 다음 해 봄부터 시작되었고, 내 생명이 다하는 날까지 이어질 것이다.

☘ 가훈
"소중하고 아름다운 것을 지키고 창조하자."
우리 집 가훈을 잘 지켜라.

☘ 건강
우리가 살아가는 데 건강보다 더 소중한 것은 없다. '재물을 잃는 것은 조금 잃는 것이고, 명예를 잃는 것은 많이 잃는 것이다. 그리고 건강을 잃는 것은 전부를 잃는 것이다'는 말이 있다. 좋은 습관을 길러서 건강한 삶을 누리도록 노력하여라.

인간의 질병은 전부 나쁜 습관 때문에 온다고 해도 지나치지 않다. 로빈 샤르마는 『나를 발견한 하룻밤 인생 수업』에서 "부적절한 식습관은 정신과 육체의 에너지를 빼앗아 가고, 맑은 정신을 유지하는 것도 방해한다"고 했다.

식사와 수면과 운동의 조화를 이루면서 긍정적인 생각으로 즐겁게 살면 건강을 잘 유지할 수 있다. 그리고 스트레스 없는 삶은 없으니, 그때그때 해소하는 습관을 들이면 좋은 컨디션을 유지할 수 있을 것이다.

🍀 겸손과 경청

이 두 가지는 세상을 살아가는 데 필요한 가장 완벽한 지혜이고 아름다움이다. 그리고 인격을 완성시킨다. 마음의 평화는 겸손에서 비롯되고, 경청은 존경의 또 다른 표현인 동시에 말보다 상대를 더 감동시키기도 한다.

탈무드에는 "당신의 혀에 '나는 잘 모릅니다'라는 말을 열심히 가르쳐라"고 되어 있고, 홈스는 "말하는 것은 지식의 영역이고, 듣는 것은 예지의 특권이다"라고 말했다.

🍀 꿈

꿈꿔라. 꿈이 없는 삶은 심지 없는 양초와 같다. 그렇다고 꿈꾸는 것만으로는 아무런 의미가 없다. 열정으로 꿈의 심지에 불을 붙여라. 그러면서 자신에게 지속적으로 신호를 보내라. 열정과 의지와 인내의 재 속에서 성공의 꽃이 핀다고. 큰 꿈을 품고 모든 능력을 동원해서 그 꿈을 향해 달려가라.

꿈은 행운의 손이 닿지 않는 곳에 있다. 오로지 자신의 노력으로 이루는 것이다. 큰 꿈을 품고 진력해 보지 않으면 후회할 수도 있다.

🍀 지식과 지혜

지식이 지혜로 승화되지 못한다면 아무짝에도 쓸모가 없다. 오히려 자만의 독이 되어 인격을 해칠 수도 있다. 가슴에 스며들지 않은 지식은 지혜가 아니다.

그리고 인생을 살아가는 데 필요한 모든 지혜는 자식을 사랑하는 부모의 마음과 책 속에 있다. 부모의 마음속에 있는 지혜는 맞춤형 지혜이고, 책 속에 있는 지혜는 보편적인 지혜다.

❧ 순리의 길
가장 넓고 평탄한 길은 순리의 길이다.

❧ 소중한 일
사람이 해야 할 가장 소중한 일은, 사람을 살리는 일, 자신과 남을 행복하게 하는 일, 이 세상을 더 살기 좋고 아름다운 곳으로 만드는 일이다. 이런 일을 하면서 살아라. 스스로 할 수 없다면 이런 일을 하는 사람들을 존경하고 도와야 한다.

❧ 효성의 자(尺)
'열 길 물속은 알아도 한 길 사람 속은 모른다'는 말이 있다. 그런데 사람을 알아볼 수 있는 좋은 자가 있다. 효성의 자다. 이 세상에 사람을 가늠하는 자 중에서 효성의 자보다 더 눈금이 정확한 것은 없다. 효성의 자를 대어 보고 부족하다면 믿지 말고 가까이 하지도 말아야 한다.

부모에게 잘 못하는 사람이 그 어느 누구에게 잘할 수 있겠느냐. 애써 다른 사람에게 잘한다고 해도 그것은 인륜의 근본이 허물어진 인간이 꾸미는 위선이거나, 자신의 이기심을 채우기 위한 속임수다.

효도의 으뜸은 부모에게 걱정을 끼치지 않는 것이고, 두 번째는 자신이 행복하게 살면서 다른 사람까지 행복하게 하는 것이다. 그리고 세 번째는 부모를 기쁘게 하는 것이다. 너의 할아버지는 가장 큰 불효는 부모보다 먼저 저세상으로 가는 것이라고 하셨다.

🍀 신뢰

인간관계에서 가장 중요한 것은 믿음이다. 믿음이 없는 인연의 텃밭은 금방 황폐해지고 만다. 내가 가족이나 어떤 조직의 구성원으로부터 믿음을 받고 있는지 그렇지 못한지에 따라 나의 존재 가치가 결정된다.

부부간에, 아내나 지아비로서의 자격과 인품에 대한 신뢰를 얻고 있는가? 없어서는 안 될 소중한 가족의 한 사람인가? 자신이 소속된 조직의 구성원들로부터 정의롭고 조직을 발전시킬 능력이 있는 사람이란 믿음을 받고 있는가? 인연 맺은 사람들로부터 즐겁고 유익한 사람이란 믿음을 받고 있는가? 이런 질문에 그렇다는 답이 나오지 않으면 반성할 필요가 있다. 아름다운 인연의 꽃은 믿음에 뿌리를 내리고 피어난다.

🍀 영혼이 숨 쉬는 공기

J. 주베르는 "마음은 영혼이 숨 쉬는 공기다"라고 말했다. 마음을 잘못 쓰면 영혼이 숨 막히고, 잘 쓰면 영혼이 행복하다. 그래서 행복은 마음먹기에 달렸다는 말이 있는 게 아닐까. 긍정적인 생각은 우리의 영혼을 감싸고 있는 양수다.

🍀 행복

　헌신의 마음 가득한 가족이 있다는 것, 믿을 수 있는 친구나 동료가 있다는 것, 마주앉아 이런저런 삶의 얘기를 나누며 즐겁게 식사를 같이 할 수 있는 이웃이 있다는 것, 비록 하찮은 것이라 할지라도 선물을 주고 싶은 사람이 있다는 것, 한동안 보지 않으면 보고 싶은 사람이 있다는 것, 별 말이 없어도 그냥 느낌이 통하는 사람이 있다는 것, 이것이 바로 행복이다.

　너랑 함께 있을 때 행복해하는 사람과, 네가 만났을 때 행복을 느끼는 사람이랑 자주 만나고 많은 시간을 보내라. 좋은 인연은 행복의 근원이다. 이 세상의 모든 것이 없으면 나도 없다는 인식, 남이 행복하지 않으면 나도 행복할 수 없다는 생각이 행복으로 가는 큰 길이다.

　법정 스님은 수필집 『오두막 편지』에서 "인간의 행복은 물질적인 생산과 소비의 많고 적음에 있지 않다는 사실만은 확실하다. 사람과 사람 사이, 인간과 자연 사이의 친숙하고 조화로운 관계에 의해서 행복은 보증된다"고 했다. "성공이 행복이 아니라, 행복을 찾는 것이 성공이다"라는 말도 있다 (숀 크리스토퍼 셰어, 『당신은 지금 행복한가?』).

　사소한 것에 감사하고, 작은 것에서 기쁨을 찾는 습관을 길러라. 행복은 거창한 것에서 오는 것이 아니다. 진정한 행복은 자신이 하고 싶은 것을 마음껏 하는 것에 있고, 사랑받을 수 있는 자격을 갖추어야 누릴 수 있다.

　애덤 스미스는 『도덕 감정론』에서 "내가 사랑받고 있고, 또한 사랑받을 자격이 있다는 사실을 알면 얼마나 행복할까? 반대로 내가 미움받고 있고, 미움받아 마땅하다는 사실을 알면 얼마나 불행할까?"라고 했다.

나는 예순이 넘어 행복이란 시를 썼다.

행복

내 마음의 뜰에
시들지 않는 인연의 꽃이
향기로운 나날이면 좋겠습니다.

내가 아끼는 사람들이
그 향기를 좋아하면 행복하겠습니다.

나의 말이나 행동
아니면, 내 존재 자체로 인하여
어느 누가 기쁨을 느낀다면 좋겠습니다.

내 마음이나 사상,
세상을 바라보는 나의 눈길이나 노력에서
아름다움을 느끼는 사람이 있으면 행복하겠습니다.

혹시, 내가 아끼는 사람이
그러하면 더욱 행복하겠습니다.

🍀 잡초

마음의 뜰에 잡초를 심지 마라.

🍀 친구

기쁨과 슬픔을 나눌 수 있는 진실한 친구는 인생의 보배다. 기쁨은 나누면 배가 되고 슬픔은 나누면 반으로 줄어든다는 말도 있다. 진정한 친구는 네가 어려울 때 너를 도와줄 수 있는 사람이다. 네가 건강하고 돈 있고 행복할 때 가까이 머물며 친절을 베푸는 사람보다, 어려울 때 너를 도와줄 수 있는 사람이 누굴까 생각해 보아라. 좋은 친구를 사귀는 것은 바로 네 행복의 집을 짓는 기초 공사다.

세네카는 "친구를 고를 때는 덕성을 위주로 깊이 생각하라"고 하면서 "우정은 우리의 모든 우울을 감미롭게 만들고, 비애를 물리치며, 궁지에 빠져 있을 때 좋은 상담자가 되어 준다"고 말했다.

🍀 마음의 렌즈

세상을 볼 수 있는 렌즈를 여러 개 준비하여라. 마음의 렌즈는 거추장스럽거나 무겁지 않다. 철학적 렌즈 · 문학 또는 예술적 렌즈 · 경제적 렌즈 · 도덕적 렌즈 · 자비의 렌즈 · 정의의 렌즈 · 지혜의 렌즈, 그리고 세부적으로 들여다 볼 수 있는 마이크로렌즈와 멀리 볼 수 있는 망원렌즈 등 다양한 렌즈를 끼고 세상을 볼 수 있어야 한다.

렌즈를 준비할 때는 확실한 것을 구해야 하니까 책과 지혜로운 사람들의 도움이 필요하다. 렌즈 하나를 준비하기 위해서 수개월 또는 수년이 걸려도 좋다. 그 과정 또한 삶의 한 순간이므로 즐기는 것이 현명하다.

마음의 렌즈를 준비하지 못하면 삶의 구비마다 만나는 좋은 인연을 지나치거나, 세월을 무의미하게 낭비할 수도 있다. 행복을 위해서, 아름다운 삶을 위해서 다양한 렌즈를 준비하여라. 눈을 속이기는 쉽지만 마음을 속이기는 어렵다. 세상을 눈으로만 보지 말고 마음으로도 봐야 한다.

☘ 자식의 과오

이 세상의 모든 자식은 잘못이 없다. 잘못이 있다면 부모가 잘못 가르쳤기 때문이다. 그래서 자식의 잘못이 부모를 욕되게 한다.

☘ 용서

용서하는 힘은 인간의 아주 중요한 능력 중의 하나다. 용서는 남보다 먼저 자기 자신을 용서하는 것이다.

달라이라마는 용서에 대해 다음과 같이 말했다. "용서는 단지 우리에게 상처를 준 사람들을 받아들이는 것만을 의미하지 않는다. 그것은 그들을 향한 미움과 원망의 마음에서 스스로를 놓아주는 일이다. 그러므로 용서는 자기 자신에게 베푸는 가장 큰 자비이자 사랑이다."

☘ 시간과 기회

햇볕이나 공기처럼 시간과 기회도 모두에게 공평하게 주어진다. 전부 공짜지만 시간을 어떻게 쓰는가, 기회를 어떻게 잡는가에 따라 일생을 아름답게 살 수도 있고, 허무하게 살 수도 있다. '기회는 준비된 자의 것이고 시간은 근면한 자의 것이다.'* 그리고 햇볕과 공기는 소중하게 생각하는 사람의 것이다.

* 이와 비슷한 말이 있는 것 같기도 한데 누구의 말인지 알 수가 없음.

☘ 가까이 하지 말아야 할 사람

불효자 · 양심을 속이는 사람 · 배신자 · 스트레스를 주는 사람 · 이기적인 사람은 물론이고, 공산주의자 · 사이비 종교인 · 혁명가 · 폭력배 · 제자들에게 자신의 편협한 사상을 주입하려고 기를 쓰는 교육자 · 인종 차별주의자 등은 가까이하지 말아라.

이들은 인품의 깊이가 얕거나 이기적이고, 이성의 힘으로 화를 다스리지 못하는 사람이 많다. 지나치게 자기 본위로 생각하고 자신의 뜻대로 되지 않으면 상대에게 해를 입히려 든다. 이런 사람들은 맹수처럼 발톱을 숨기고 의도적으로 접근하는 수가 있으니 조심해야 한다.

☘ 태양 에너지 · 중력 · 호르몬

태양 에너지와 호르몬과 중력이 인간의 몸에 큰 영향을 미치지만, 우리는 아직 구체적으로 알지 못하고 있다. 이것을 알게 되면 많은 질병을 쉽게 치유할 수 있는 길이 열릴 가능성이 크다. 이 세 가지에 대해 지금껏 알려진 것만이라도 알아 둘 필요가 있다.

모든 고등 동물과 식물은 태양 에너지가 없으면 살아갈 수가 없다는 점을 명심하고 관심을 갖도록 하여라. 산책과 일광욕은 건강을 지키는 데 아주 중요하다. 태양 에너지가 교감신경과 부교감신경을 시소처럼 정확하게 작동시켜서, 낮에는 맑게 깨어 있고 밤에는 잠을 잘 수 있게 생체 시계를 조절한다. 그와 동시에, 세로토닌·멜라토닌과 같은 호르몬의 분비를 원활하게 한다. 태양 에너지의 위력은 말로 표현할 수 없을 정도다.

호르몬은 우리가 모르게 우리의 몸을 컨트롤한다. 15초 정도 크게 한 번 웃으면 몸에 유익한 20가지 이상의 호르몬이 분비되고, 반대로 화를 내면 그 만큼의 나쁜 호르몬이 분비되어 몸에 해를 끼친다. '웃음 치료의 아버지' 노먼 커즌스는 『웃음의 치유력』이란 책을 내고 웃음과 호르몬의 중요성을 알려 주었다. 스트레스가 몸에 나쁘다는 것도 결국 지속적인 스트레스 호르몬의 분비에 의해 몸이 망가지기 때문이다.

그중에서 세로토닌이 부족할 때 나타나는 증상은 뚜렷하다. 잠이 잘 오지 않거나 집중력이 떨어지고, 화를 참지 못하거나 기분이 우울해지기도 하며, 자신도 모르게 폭식을 하는 수가 있다. 때로는 사랑과 쇼핑, 도박 같은 것에 집착하기도 하고, 하루에 손을 200번이나 씻는 결벽증이 나타나기도 한다. "여자의 마음은 알 수가 없다. 여자 자신도 모르는데 누가 알겠는가"라는 말이 있는데, 섬세하고 감성이 풍부한 여성의 특성에 세로토닌 부족이 합세하여 일으키는 돌발적 정서 변화 때문이란 생각이 든다.

특히, 여성들은 생리 전 한때 세로토닌 분비가 현저하게 줄어드는 시기가 있다. 그때 정서 불안이 심하게 나타나는 사람들이 있다. 아침나절의 산책이 세로토닌을 선물한다. 그리고 그 세로토닌이 밤에 멜라토닌 분비를 도와 숙면을 유도한다. 모든 호르몬의 지휘자인 세로토닌의 정상적인 분비는 건강과 밀접한 관계가 있다. 세로토닌이 부족한 사람은 행복할 수 없다. 그래서 세로토닌은 공부 호르몬 또는, 행복 물질이라는 별명을 갖고 있다.

장년기에 접어들면 남녀 간의 호르몬 분비의 변화가 심해지는데 이런 현상을 이해하지 못하면 여러 가지 문제가 발생한다. 남성은 남성호르몬이 줄어들면서 중성화 내지는 여성화 쪽으로 변하고, 여성은 여성호르몬 분비의 감소로 중성화 내지 남성화 쪽으로 가까워지게 된다. 남성은 순하고 약해지는 반면 여성은 상대적으로 더 활발하고 강해진다. 이런 현상을 이해하지 못해서 만년에 자주 다투거나 이혼하는 부부가 늘어난다.

중력 과잉이 피로다. 중력은 직립한 인간이 피할 수 없는 시련이다. 피로가 쌓이면 건강을 지킬 수 없다. 키와 몸집이 큰 사람 중에 장수하는 이가 드문 것도 중력과 관련이 있다. 누워서 쉬고 숙면을 취하는 것, 이것이 피로를 해결하는 명약이다.

☘ 아름다운 외모

내면의 아름다움이 받쳐 주지 못하는 아름다운 외모는 일종의 사기(詐欺)다. 속지 말아야 한다. 금전적 손해를 입히는 사기는 쉽게 잊히거나 극복할 수가 있다. 그러나 외모의 사기에 당하면 일생의 큰 상처가 된다. 상처가 덧나서 평생 고생하는 사람도 있다.

🍀 정치

어떤 일이 있더라도 정치를 직업으로 삼지 말아라. 훌륭한 정치는 국가와 국민, 나아가 인류를 위하고 많은 사람을 행복하게 하는 것인데, 우리의 정치는 정치인 개인과 집단의 이익만을 추구하는 경우가 많았다.

나는 평생 우리나라 정치를 보며 실망하고 살았다. 다 그런 것은 아니지만, 우리 정치판에는 배신 · 비리 · 부도덕 · 오만 · 불의 · 더러운 돈 등이 뒤섞인 구덩이 속에서 서로 편을 갈라 물고 뜯는 일들이 허다했다. 귀한 일생을 이런 진흙탕에서 낭비하기엔 너무 아깝다.

정치인 중에는 자신의 잘못은 숨기려고 기를 쓰면서, 남의 결점을 들추어 내려고 안달하며 중상모략하는 자들이 많았다. 들키지 않을 것 같으면 부도덕한 일을 서슴없이 저질렀다. 서로 존중하고 선의의 경쟁을 하는 정치인은 드물었고, 표를 위해 양심을 팔거나 이념의 노예가 된 기회주의자들이 태반이었다. 정치 과잉이 이런 사람들을 양산했다.

어떤 일을 하든지 남을 해치거나 밟고 일어서야 한다면 그런 일은 하지 말아야 한다. 우리나라에서 국민들의 존경을 받는 정치인은 희귀하다.

국회의원 수를 100명 정도로 줄이고 그들에게 부여된 특권을 대폭 축소해야 한다. 삼권 분립의 취지가 무색하다. 국회와 정부의 편중된 권력을 바로잡지 못하면 국가의 발전에 큰 장애가 될 것이다. 사법부의 독립성 훼손이 심각하다.

세계 여러 나라가가 사회주의 경제 체제와 포퓰리즘으로 급격하게 국력이 약화되는 현상을 보이고 있지만, 우리나라의 일부 정치인들은 사회주의 경제 체제를 주장하고 있고 많은 정치인들이 포퓰리즘으로 국민을 속이고 있다.

상황이 이렇다고 해도 유권자로서의 권리와 의무는 다해야 한다. 올바른 정치인을 지지하고 비교 우위에 있는 정치인들에게 박수를 보내야 한다. 자유 민주주의와 시장 경제를 지키며 더 좋은 세상을 만드는 일에 힘을 보태야 한다. 플라톤은 "정치를 외면한 가장 큰 대가는 가장 저질스러운 인간들에게 지배당하는 것이다"라고 갈파했다.

🍀 인품

인품이 부족하다면 명예를 누릴 수 없는 것은 물론이고, 부와 권력을 가졌다고 해도 아무런 가치가 없다. 재능이나 미모도 마찬가지다. 인품이 가장 고결한 힘이고 최고의 가치다.

🍀 경제적 안정

인생은 짧다. 젊은 시절에는 꿈을 향해 도전하고 빠른 시기에 경제적 안정을 찾아야 한다. 그래야 하고 싶고 보람된 일을 맘껏 하면서 삶을 즐길 수 있다. 때를 놓쳐서 평생 돈 버는 일만 하다가 늙고 병들어서 후회하는 사람들이 많다. 성공한 인생을 살려면 가능한 한 이른 시기에 경제적 안정을 이뤄야 한다.

여기서 말하는 경제적 안정은 큰돈을 말하는 것이 아니고, 건강할 때 하고 싶은 것을 하고 조금이라도 남을 돕거나 삶을 즐길 수 있는 정도의 수준을 의미한다. 몸이 노쇠한 다음에 이룬 경제력은, 자녀들에게 도움이 될 수 있을지는 몰라도 자신의 인생을 아름답게 하는 데는 도움이 되지 않는다.

1960년대 이전에 태어난 사람들은 가난과 6.25 전쟁의 격랑 속에서 살아남은 것을 다행으로 여기기도 했고, 먹고 사는 것이 최상의 목표이기도 했다. 그러나 지금은 그때와 달리 삶의 질이 문제다. 인생은 짧은데 돈을 버는 일에 너무 많은 시간을 보내 버리면, 창의적이거나 의미 있고 하고 싶은 일을 제대로 할 수가 없다. 하고 싶은 일을 마음대로 하는 것이 행복인데, 경제적인 사정으로 하고 싶은 일을 하지 못하는 사람들이 많다.

부지런히 일하면서 근검절약해서 돈을 모으고 그 돈을 잘 써야 한다. 그리고 이른 시기에 부를 이루었을 경우에 명심해야 할 것이 있다. 더 큰 부를 이루려고 부의 노예가 되는 수가 있으니 이를 경계해야 한다. 돈은 쓰기 위한 것이지 결코 모으기 위한 것이 아니다.

☘ 겉치레

혜민 스님은 "몇 백, 몇 천만 원짜리 명품 가방을 들고 다니면 뭐하나요. 사람이 명품이 아니라면"이라고 말했다. 겉치레보다 내면의 뜰을 아름답게 가꿔라.

☘ 적응력

세상은 빠르게 변한다. 변화하는 환경에 적응하지 못하면 자기 발전은 물론이고 생존 문제에 부딪치게 된다. 맘모스가 힘이 없어서 멸종되었겠느냐? 변화하는 환경에 적응하지 못해서 멸종된 것이다.

중용과 순리의 길을 따르는 유연한 사고가 적응력을 높여 준다. 이기적인 생각을 줄이고 전체를 볼 줄 알아야 한다. 인간은 더불어 사는 존재이므로 원만한 인간관계는 생존과 행복의 필수 조건이다. 능력보다 더 중요하다.

기억력·적응력·창의력 중에 살아가는 데 가장 중요한 것은 적응력이다. 미국에서 정년퇴직이 아닌 중도 퇴직자들을 대상으로 조사해 보니 85%가 능력이 부족한 게 아니라 대인 관계가 좋지 않은 사람들이었다.

🍀 칭찬과 도움

진정으로 칭찬하고자 한다면 본인 모르게 칭찬하고, 남을 돕고 싶다면 드러내지 말고 도와라. 본인 알게 칭찬하고, 돕고 나서 생색을 낸다면 그것은 상대를 위한 것이 아니고 자신을 위한 이기적인 짓이다.

🍀 복의 크기

내가 누릴 복의 크기는, 남을 위해 베푼 선행과 비례한다. 이것이 인과응보이고 진리다. 내가 누리지 못하면 후손이 반드시 누린다. 그래서 여경(餘慶)이란 말도 있다.

🍀 기본기

운전·컴퓨터·영어 회화·글쓰기는 살아가는 데 꼭 필요한 기본기다. 지금과 같은 글로벌 시대에는 영어 회화를 못하면 문맹이나 마찬가지다. 컴퓨터와 운전은 생활의 편의를 위해 반드시 필요하다.

그리고 어떤 분야에서 일하든 글쓰기는 기본이다. 꼭 문학이 아니더라도 역사를 기록하거나, 논문을 쓰거나, 연설문이나 인사말을 쓰거나, 판결문이나 공소장을 쓰거나, 자기 직무를 소개하거나, 편지를 쓰거나 간에 글쓰기에 대한 기본적인 소양이 필요하다. 심지어 SNS에서도 멋진 문장은 눈에 띈다.

글쓰기 훈련을 하는 데 가장 좋은 방법은 일기를 쓰는 것이다. 일기를 쓰다 보면 생각이나 느낌을 글로 표현하는 방법을 자연스럽게 터득하게 된다. 간결하고 아름다운 문장으로 자신의 생각을 표현하는 것은 멋진 능력 중의 하나다.

🍀 지성

지성은 등대처럼 잠들지 않고 늘 깨어 있다. 시대의 아픔을 치유하고 잘못을 바로 잡는다. 게으름과 안일의 품에 머무는 법 없이 자유·평화·행복을 지킨다. 고통과 불안을 감내하면서 세상을 발전시킨다. 지성이 부족한 나라, 또는 지성인을 홀대하거나 박해하는 사회는 퇴보한다. 실천 없는 지성은 지성이 아니다.

🍀 좋은 집

언덕 위의 멋진 저택이나 강남의 초호화 아파트를 갖고 있다고 해도, 거기서 함께 살고 싶은 사람이 없다면 아무 소용이 없다. 함께 살고 싶은 사람은 물론이고, 초청해서 음모나 계략, 그리고 경쟁이 없는 즐거운 시간을 가지면서 아름다운 삶의 얘기를 나눌 사람이 없다면 그 집은 아무짝에도 쓸모가 없다.

거기서 함께 살고 싶지 않은 사람과 살고 있다면 그것은 감옥이나 다름없다. 누옥에 살면서도 행복한 사람들의 지혜를 명심해야 한다.

🍀 진실

진실보다 더 생명이 긴 것은 없다. 진실은 세월이나 땅에 묻혀 억겁이 지나도 썩지 않는다. 그래서 아름답다.

🍀 선(善)과 믿음

선한 것이 아름다움이고, 믿음이 곧 사랑이다. 선하고 믿을 수 있는 사람이면 깊은 인연을 맺어도 좋다. 믿음직하지도 않고 선하지도 않은 사람이 열정만을 갖고 있는데도 끌리는 수가 있으니 조심해야 한다.

🍀 정리정돈

정리정돈은 우리 모르게 인생에 미치는 영향이 지대하다. 정돈이 잘 된 공간에서 생활하면 마음도 헝클어진 모습으로 방치되지 않는다. 청소를 실천하며 센세이션을 일으킨 일본의 기업가 가기야마 히데사부로는 자신의 저서 『머리 청소 마음 청소』에서 말했다. "사람은 눈에 보이는 것에 자신의 마음도 닮아 가는 존재이다. 복잡하고 혼잡스러운 환경을 청소하거나 정돈함으로써 머릿속과 마음속이 똑같이 청소되고 정돈된다."

🍀 귀

아무에게나 귀를 열어주지 말아라. 아둔함이나 이기(利己)의 독에 오염된 말이 마음을 흐리게 만들 수도 있으니까. 사이비 종교 · 독선적 사상 · 사기 이 세 가지는 모두 달콤한 말로 포장되어 있다. 말의 단맛이 귀를 속인다.

특히, 사기꾼의 주무기는 말이다. 말이 없다면 사기는 성립될 수 없을 것이다. 볼테르는 "사람은 자신의 불의를 정당화하기 위해 생각을 하고, 자신의 생각을 감추기 위해 말을 사용한다"고 했다. 어쩌면 진실은 말이 없는 곳에 존재하는지도 모른다.

🍀 시기(猜忌)

인간은 누구나 자신을 드러내고 인정받고 싶은 원초적인 욕구가 있다. 그래서 자신과 경쟁 관계에 있는 사람이 드러나고 남의 인정을 받을 때 시기심이 일어난다. 본성이긴 하지만 열등감의 다른 표현이다. 자기보다 아래로 보는 대상에게는 절대 일어나지 않는 감정이다.

가끔 시기심에 휘말려 비이성적인 판단을 하는 사람이 있다. 그들은 칭찬과 박수에 인색하고 웃음을 잃어버리는 수가 많다. 뒤에서 욕하거나 모함한다. 그러나 인격자는 이런 감정이 자신을 지배하도록 방관하지 않는다. 오히려 의지의 고삐를 다잡고 자신의 발전을 도모하거나 반성한다. 시기는 자아의 독창성을 인식하지 못하는 곳에 존재하는 비린 감정이다.

🍀 사랑과 정

　자신보다 상대가 더 소중하면 사랑이다. 자신의 목숨이나 뜻보다 상대의 그것이 더 소중하면 그게 바로 사랑이다. 그러나 이성 간의 사랑이란 찬란한 불꽃을 피우기는 하지만 너무 뜨거워서 식기 마련이다. 그래서 영원한 사랑은 없다고 한다.

　그렇다고 염려할 필요는 없다. 사랑은 구름 위에 있고 정은 땅 위에 있다. 사랑은 식으면서 땅으로 내려와 정으로 발효된다. 다만 상대에 대한 믿음과 이해와 배려라는 효소가 있어야 한다. 존경하는 마음까지 있으면 그 정은 더 향기롭고 아름다워진다.

　정은 가슴에 고여 오래도록 인생을 따뜻하게 하는 에너지인 동시에, 평생 먹을 영혼의 양식이다. 정을 나누는 사람은 함께 행복의 물이 들 뿐만 아니라, 인생이라는 하나뿐인 그림을 아름답게 완성하도록 도와주는 최고의 협력자다.

　그러므로 정이 배고프지 않게 인생의 식탁에 즐거움이라든가 만족이라는 메뉴가 올라오도록 서로가 정성을 다하는 동시에, 지속적으로 상대가 원하고 존경하는 최고의 인간으로 변모·발전하도록 노력해야 한다. 나는 너에게 너는 나에게 이 세상 최고의 사람이 된다면, 또 그리 되려고 노력한다면 그 정은 아름답고 영원하다.

🍀 망각

　망각보다 더 큰 힘은 없다. 부모 잃은 설움도, 태산 같은 걱정이나 배신의 아픔도 망각에 의해 마모되어 부피가 작아지다가 결국 흔적이 없어진다. 그렇게 생각하면 살아가는 데 그다지 심각한 일은 없다.

망각이란 무덤이 있는 한 모든 존재는 편히 쉴 수가 있다. 어떤 일을 당하든 다 극복할 수 있으니 너무 심각하게 생각하지 말아라. 『사소한 것에 목숨 걸지 마라』는 리처드 칼슨의 책도 있다.

❀ 능력

진정한 능력이란 자신의 인생을 아름답게 가꿀 수 있고 또, 자신과 인연을 맺은 사람들까지 행복하게 할 수 있는 힘이다. 아울러 국가와 사회를 발전시키고 인류의 평화와 행복을 증진시킬 수 있는 능력을 뜻한다. 자신의 성공만을 위한 능력은 진정한 능력이 아니다.

❀ 양보

더불어 살아가는 데는 지식보다 오히려 양보가 더욱 필요하다. 갈등 관계를 해소하려면 서로가 한 발짝씩 물러서야 한다. 마음의 평화는 양보하는 사람의 것이다. 물러설 줄 모르는 사람은 망가지기 쉽고, 자신의 뜻을 관철하기도 힘들다.

❀ 이웃

신록 속에 피어난 5월의 붉은 장미 한 송이가 그렇게 아름답게 보이는 것은 자신이 가진 강렬한 색과 짙은 향기 탓도 있지만, 주변의 짙은 녹색이 받쳐 주기 때문에 더욱 돋보인다. 인간도 마찬가지다. 훌륭한 사람이나 돋보이는 사람 주변에는 늘 녹색 배경과 같은 말없는 이웃들이 있게 마련이다. 부모와 스승이 있고, 친구와 이웃이 있다. 어찌 그 사람들을 잊을 수 있겠나. 돕고 나누고 이해하는 과정에 너의 행복도 자란다.

☘ 관심

관심은 이 세상 모든 것의 씨앗이다. 인연이나 사랑, 성공·사상·부(富) 등 모든 출발점이 관심이기 때문이다. 시어도어 젤딘은 "관심이야말로 우리가 타인에게 줄 수 있는 가장 큰 찬사다"라고 말했다.

그리고 제임스 아서레이는 "에너지는 관심이 가는 쪽으로 흐르게 되어 있다"고 말하면서, "당신이 관심을 갖는 것은, 그것이 가장 두려워하는 것이든 원대한 목표든 상관없이 당신의 인생에서 정신적·물질적으로 창조되기 시작한다"고 주장했다.

☘ 문식(文飾)

실수나 잘못을 그럴듯하게 꾸며대지 마라. 완전한 사람은 없다. 정직하게 사과하고 반성해야 한다. 그렇지 않으면 발전하거나 더 좋은 사람이 될 수 없다. 문식은 부끄러운 일이고 인격을 스스로 허무는 행위이다.

☘ 구두쇠와 노랑이

남들에게 노랑이라거나 구두쇠라는 말을 듣지 않도록 하여라. 구두쇠와 노랑이는 이기심의 화신이다. 돈에 인색한 사람은 인정을 나누는 데도 인색한 경우가 많고 칭찬에도 인색하다. 이런 이기적인 사람들과 가까이 지내는 것은 시간을 허비하는 일이다.

나는 직위가 높을 뿐만 아니라 학벌도 좋고 돈도 많은 사람이, 돈을 잘 쓰지 못해서 남들에게 욕을 먹거나 이웃을 잃어버리는 사람을 여럿 봤다. 좋은 인연이 자기를 떠나가는 것은, 돈 몇 푼과는 감히 비교할 수 없는 인생의 큰 손해다. 죽음의 옷에는 주머니가 없다.

❧ 자연과 예술

이 세상에 자연보다 더 아름다운 것은 없다. 그리고 예술이란 자연의 모방이요, 그 자연을 더욱 아름답게 보고 음미하기 위한 노력의 산물이다. 자연과 예술을 가까이하는 것이 인생을 아름답고 풍요롭게 하는 방법이다. 자연과 예술이 인간의 고뇌와 고통을 치유하고, 인생의 사막화를 막아 준다.

❧ 불안

불안에 대해 너무 조급해하거나 얽매이지 마라. 나만 왜 이런가 하고 자책하지도 말아라. 인간이라면 누구나 극복해야 할 운명의 한 조각이고 지성의 그림자다. 초연(超然)한 자세가 필요하다. 용기가 불안을 해소한다. 불안이나 두려움은 상상 속에서 자라는 특성이 있고, 행동이 시작되면 햇볕에 눈이 녹듯 사라지는 수가 많다. 그리고 시간이 모든 감정의 크기를 줄

여서 평정 상태를 유지하게 한다.

철학자 최진석은 "가장 높은 단계의 인간은 불안을 감당하는 존재이고, 약하고 종속적인 단계에 있는 인간은 불안을 해소하기에 급급하다. 인간으로서 원초적인 지성을 가지고 있는 한 인간은 불안할 수밖에 없다"고 했고, 가오위안은 『하버드 행동력 수업』에서 "시야가 넓어지면 두려움을 극복하기 쉽다. 새로운 시선으로 두려움을 극복하라"고 했다.

☘ 자녀 교육

아이를 키울 때는 잘못을 지적하기보다 잘하는 것을 칭찬하는 것이 바람직하다. 사춘기 이전까지는 엄하게 키우고, 사춘기가 되면 너그럽게 키워라. 사춘기는 인간이 일생에 한 번 허물을 벗는 시기다. 너무 억압하면 정신이 제대로 성장하지 못할 수도 있고, 잘못되면 엇길로 갈 수도 있다. 칼 필레머는 "만족스러운 양육이라는 말은 자녀에게 실패를 허용한다는 뜻이다"라고 했다.

그리고 절대 성장한 자식을 자신의 생각대로 변화시키려 하지 마라. 개성과 생각이 다른 하나의 인격체다. 나이 들면 자신의 삶을 스스로 책임져야 한다. 간섭이나 강요는 부작용을 낳을 뿐이다. 하물며 배우자나 남이야 말할 필요도 없다. 오직 잘하는 것을 칭찬하면 부모의 마음을 읽으면서 스스로 돌아볼 수 있는 힘을 기르게 되고 바른 길을 찾게 된다.

칭찬은 즉시, 자주, 분명하게, 구체적으로 하고 잘못에 대해서는 무관심한 듯 지나가는 것이 중요하다. 이것이 사람을 변화시키는 가장 효과적인 방법이고, '고래를 춤추게' 할 수 있는 지혜다. 그러나 가장 좋은 교육은 뭐니 뭐니 해도 부모가 모범을 보이는 것이다.

자식을 훌륭하게 키우는 것은 개인의 성공인 동시에, 이 세상을 더 살기 좋은 곳으로 만드는 중요한 일 중의 하나다.

🍀 큰 업적

이 세상에서 가장 독한 사람은 포기하지 않는 사람이고, 가장 강한 사람은 즐기는 사람이다. 이들은 끈기를 가졌거나 낙천적이다.

그러나 큰 업적을 이루려면 몰입이 필요하다. 치열이나 집중이란 비슷한 말이 있기는 하지만 자신의 능력을 최대한 발휘할 수 있는 방법이 몰입이다. 『몰입』이란 책을 쓴 황농문 박사에 의하면, 아인슈타인이나 뉴턴 같은 위대한 업적을 남긴 과학자들은 몰입 상태에서 난제들을 풀었다고 한다.

삶이나 일을 즐기는 사람을 당할 자는 없다. 곤경에 처하더라도 어렵게 생각하지 않고 스트레스도 덜 받는다. 큰 업적을 이룬 사람들은 모두 포기하지 않고 즐기면서 자기 일에 몰입한 사람들이다.

자신의 잠재 능력을 과소평가하는 사람들이 있지만, 나는 인간의 능력이 무한하다는 말에 동의한다. 자신이 갖고 있는 능력의 분야가 남들과 다를 뿐인데 그걸 알지 못해서 발전시키지 못한다. 자신의 능력을 믿고 계발하는 사람은 분명 큰 업적을 이룰 수 있을 것이고 영광의 날을 맞이할 것이다.

🍀 결과와 과정

가끔 어떤 일의 결과에 대해 크게 실망하는 경우가 있는데 이것은 어리석은 일이다. 과정에 최선을 다했다면 비록 결과가 자신의 기대에 미치지 못했다고 해도 연연할 필요가 없다. 뜻대로 된다고 다 좋은 것은 아니다. '성공에는 자만의 어리석음이 숨어 있고, 실패에는 지혜의 씨앗이 숨어 있다'는 말이 있다.

최선의 노력을 기울이고 자신이 원하는 결과를 얻는다면 좋겠지만, 인생사란 자신의 뜻대로 되지 않는 일이 더 많다. 결과를 긍정적으로 받아들이는 유연성은 삶을 여유 있고 편하게 한다. 그리고 다시 일어설 수 있는 힘을 준다.

🍀 인간의 향기

꽃이 향기를 뿜고 싶어 한다고 다 향기를 뿜을 수 없듯이, 인간도 인간다운 냄새를 풍기고 싶다고 다 그렇게 되는 것은 아니다. 고매한 인격의 소유자만이 내면세계에서 우러나는 인간의 향기를 풍긴다. 인격이 힘이고 향기다.

🍀 고전 읽기

고전을 많이 읽어야 한다. 고전을 읽는다는 것은 지혜의 창고 속으로 들어가는 것이다. 정과리 님의 「고전을 읽어야 할 절박한 이유」를 읽어 보면 그 이유가 분명해진다.

"고전은 지식의 보고가 아니라 지식의 장수 유전자가 잘 모여 있는 곳이기 때문이다. 지식은 한 분야에만 쓰이지만 지식의 유전자는 모든 분야에 두루 응용될 수 있는 융통성이 빵빵하다. (중략) 고전은 생각의 촉매들이다. 인간 두뇌의 용적은 참으로 작아서 세상의 모든 지식을 그 안에 우겨 넣으려 하면 터져 버린다. 그러니 지식을 넣을 게 아니라 생각의 촉매들을 양질의 것들로 골라 넣어 두어야 한다."

고전 속엔 삶의 난제(難題)들을 해결할 수 있는 키(Key)가 숨어 있다. 그리고 내일로 가는 보다 나은 길도 알려 준다. 금은보화보다 더 소중한 지혜가 가득 들어 있는 창고의 문을 열어 보지 않는 사람이 많다.

☘ 선물

선물은 마음을 담을 수 있는 마법의 그릇이다. 마음의 온기를 전해서 인간관계에 생기를 돌게 한다. 관심·이해·신뢰를 깊게 하여 적극적으로 소통하고 좋은 인연으로 발전하게 하는 촉매 역할을 한다. 적절한 시기에 알맞은 수준의 선물을 하는 것은 지혜로운 일이다. 주고받는 두 사람 모두에게 기쁨을 주지만, 특히 받는 사람보다 주는 사람에게 더 큰 행복을 준다.

그러나 착각하지 말 것. 목적이 있는 선물은 선물이 아니고 거래라는 것을.

☘ 원망

어떤 경우라도 남을 원망할 필요는 없다. 이 세상에 내 맘에 들려고 태어난 사람은 하나도 없다는 말도 있다.

🍀 관념

관념의 감옥에 갇히지 마라. 관념의 감옥은 인간을 좁은 시멘트 감방보다 더 답답하게 한다. 새로운 관점으로 관념의 벽을 허무는 사람만이 영혼의 자유를 누릴 수 있고, 창조의 길로 갈 수 있다. 사상이나 종교에 대한 올바른 이해, 훌륭한 멘토, 양서 등이 그 감옥의 문이 닫히지 않도록 도와줄 것이다.

🍀 삶의 자세

바람직한 삶의 자세는, 부지런해야 하고 진실해야 하며, 인내심이 있어야 하고 겸손해야 하며, 이기심과 집착의 포로가 되지 않아야 한다.

부지런하면 건강을 지키는 동시에 먹고 사는 일이 순탄할 것이고, 진실하면 근심 걱정을 덜고 떳떳하게 살 수 있을 것이다. 참을 줄 알면 원만한 인간관계를 유지하는 동시에 화를 면할 수 있을 것이고, 겸손은 인격을 완성시키는 한편 삶을 즐겁고 아름답게 물들일 것이다. 그리고 이기심과 집착의 포로가 되지 않으면 올바른 인생의 길을 갈 수가 있다.

🍀 낭비

누구 말인지는 모르겠으나, "이 세상에서 가장 큰 낭비는, 사랑 받을 자격이 없는 사람을 사랑하는 일"이란 말이 있고, "닮고 싶지 않거나 되고자 하는 사람과 거리가 먼 사람이 있다면, 사적으로든 공적으로든 그 관계에 많은 투자를 하지 않는 게 좋다(제임스 아서레이)"는 말도 있다. 세월을 낭비하지 말아야 한다.

🍀 덕(德)

나는 덕을 길에 비유하곤 한다. 덕의 길은 점점 넓어지면서 평탄해지고, 부덕의 길은 점점 좁아지면서 굴곡과 경사가 심해지다가 결국 벼랑에 이르거나 길이 없어지는 현상과 같다. 그렇지만 아무나 그 덕의 길로 갈 수는 없다. 끝없이 자신을 뒤돌아보고 반성하며 거듭나는 자만이 그 덕의 대로로 나설 수 있다.

인간의 모든 지혜는 덕의 길을 비추는 등불이 되어야 한다. 그리하면 마침내 덕이 좋은 인연뿐 아니라, 명예나 행운까지도 불러올 것이다. 덕을 갖춘 사람은 분명 행복을 누릴 수 있고, 자연스레 주변의 도움도 따라온다. 덕과 담을 쌓고 돈과 권력을 추종하던 오만한 인생이, 가뭇없이 잊히는 모습을 여러 번 보았다.

🍀 경조사

우리의 세상사 중에 경조사는 아주 중요한 일이다. 친척이든 이웃이든 경조사가 있을 때는 꼭 참석해서 슬픔과 기쁨을 나누면서 도와야 한다. 특히, 슬픈 일을 당했을 때는 최선의 예의와 위로를 다해야 한다. 이유와 변명이 필요 없다.

🍀 잊지 말 것

은혜는 절대로 잊지 말아라. 누가 너에게 도움을 주고 기쁨을 선물했는지를. 비록 그것이 좁쌀 반 톨보다 작은 것일지라도. 혹시, 알게 모르게 너

때문에 슬픔과 고통 받은 자가 있다면 그 또한 잊지 마라. 잊고 지나친다면 그들의 슬픔과 고통이 너의 행복에 상처를 낼 수도 있다.

🍀 부와 가난

부의 그늘에 여유가 썩은 비린내가 나지 않는다면, 가난의 그늘에 구차한 변명이나 비굴함이 없다면, 둘 다 나쁘지 않은 삶의 모습이다. 그러나 낭비하며 가난하게 살지 말고, 근검절약하며 풍족하게 살아야 한다. 불우한 사람을 도울 수 있다면 더욱 좋다. 근검절약은 무작정 돈을 모으기 위한 것이 아니고 돈을 잘 쓰기 위한 준비 운동이다.

🍀 책 선물

좋은 책을 선물하는 것은 보람된 일이다. 양서가 마음속으로 밝은 빛과 신선한 공기를 쏟아붓는다고 생각한다. 생각을 넓혀 주고 삶을 발전적으로 변화시킬 수도 있다. 바쁜 일상에서 하마터면 그냥 지나쳐 버릴 수도 있는 좋은 책을, 나 덕분에 읽게 된다면 얼마나 좋은 일인가.

🍀 좋은 인연

좋은 인연은 존재 그 자체를 인정하고 믿는 것이다. 생각과 습관이 자신과 같지 않다는 것을 인정하고 받아들여야 한다. 마음의 짐이 되지 않는 심플한 것이고 서로 도움을 주는 관계다.

지금 가까운 사람이 멀어질 수도 있고, 먼 사람이 훗날 가까운 사이가 될 수도 있다. 인연은 변화하기 마련이다. 그러나 가장 중요한 것은 비록 멀어진다고 하더라도 상처를 주지 말아야 한다. 상대에게 준 상처는 자신에게도 잊히지 않는 상처가 된다. 겸손과 친절은 좋은 인연을 만들고 진심은 인연의 끈을 더욱 튼튼하게 한다.

사람은 자신을 인정해 주는 이를 위해 목숨을 바친다는 말이 있다. 그렇게까지는 아니더라도, 자신의 장점을 알아주고 이해해 주는 사람에게 마음이 끌리는 것은 당연하다. 그런 사람과 자주 만나서 즐거운 시간을 갖고, 그 인연이 상처받지 않도록, 행복할 수 있도록 노력해야 한다. 자신을 인정해 주는 사람, 믿을 수 있는 사람이 단 한 사람이라도 있다는 것은 이 세상을 살맛나게 한다.

하워드 뉴먼은 "좋은 사람을 만나 좋은 에너지를 얻는 것, 그리고 자신 또한 그런 사람이 되기 위해 노력하는 것, 이것이 인간관계의 가장 중요한 원칙이다"라고 말했다. 인연의 소중함을 잊지 말아라.

🍀 침묵

침묵은 강력한 힘이다. 때로는 말보다 더 강한 힘을 발휘할 때도 있고, 내면의 에너지를 확대시키기도 한다. 정해진 대상을 향한 꼭 필요한 말이 아니라면 다변은 삼가야 한다. 라 로슈푸코는 "침묵은 사람에게 가장 안전한 처세술이다"라고 했다.

그러나 사회 전반이나 국가에 미치는 영향이 지대한 일에 침묵하는 것은 비겁한 짓이다. 지성인의 도리가 아니다.

☘ 이기심

인간은 모두 자기 본위로 생각하고 살아가는 이기적인 존재임에는 틀림이 없다. 헌신이나 사랑까지도 자기 본위적인 것에서 출발한다. 행복의 모습이 사람에 따라 천차만별인 것도, 각자 갖고 있는 가치관과 생각의 차이 때문이다.

그러나 존재의 바탕에 깔려 있는 이기의 틀을 깨지 않으면 절대 행복할 수 없다. 인품의 완성도 불가능하다. 즐기는 것도 행복한 것도 더불어 하지 않으면 이기심에 빠진 것이다.

☘ 종교

종교를 믿든 안 믿든 상관없다. 그러나 올바른 종교를 믿지 않고 있거나 종교관이 제대로 형성되지 않은 사람은 사이비 종교에 함몰될 위험성이 크다. 사이비 종교에 빠진 사람들은 다른 종교를 인정하지 않거나 나쁘게 말하면서 자신의 종교가 가장 훌륭한 종교라고 주장하는데, 그 어떤 종교보다 흡인력이 강해서 믿는 사람을 쉽게 맹신자로 만든다. 한번 발을 들여놓으면 빠져나올 수 없는 곳이다.

결국 가치관이 사이비 종교만을 위한 것으로 바뀌면서 종교의 노예가 되고 만다. 자녀를 사이비 종교로부터 지키기 위해서라도 어릴 때부터 올바른 종교를 믿게 하거나 종교관이 바르게 형성되도록 부모가 교육을 시켜야 한다.

❦ 흡연

담배는 단순한 기호품이 아니고 독이다. 혈액 오염의 주범이다. 흡연이 몸에 미치는 악영향과 중독성은 마약에 버금간다. 그래서 금연이 어렵다.

담배 한 개비를 태우면 60가지 이상의 발암 물질이 나온다. 흡연자가 비흡연자에 비해 폐암에 걸릴 확률은 약 4배가량 더 높다. 그리고 하루 1갑 이상 피우는 흡연자는 11배로 늘어나고, 하루 2갑 이상 피우는 헤비 스모커(heavy smoker)는 무려 22배로 높아진다.

담배와 마약은 인류를 불행하게 만드는 독극물이다. 그 독극물을 가슴 깊이 들이마시고 온갖 질병에 시달리는 인간을 과연 만물의 영장이라고 할 수 있을까? 지혜로운 자나 건강을 지키려고 노력하는 사람은 담배를 피우지 않는다. 흡연은 자신의 몸을 학대하는 어리석은 짓이다.

흡연이 혈관을 파괴하는 원흉이란 것은 과학적으로 증명된 사실이다. 나이는 숫자에 불과하고 혈관의 나이가 실제 나이라는 말이 있다. 특히, 모세 혈관이 망가지면 신장·성기·안구의 기능이 급격하게 퇴화된다.

❦ 마음의 여유

살다가 마음의 여유를 잃어버렸다는 생각이 들거든, 삶에 지쳐 절룩거리는 나를 데리고 위로 여행을 간다는 기분으로 떠나라. 가급적 문명의 때가 덜 묻은 깊은 산골로 가는 것이 좋다. 큰 의미를 부여하지 말고 그냥 자연을 만나러 간다는 생각으로 떠나라.

책·음악·노트북 따위는 절대 갖고 가지 마라. 핸드폰도 꺼 놓고 오로지 자연과 대화하여라. 고독의 거울에 자신을 비춰 보려면 동반자가 없는 것이 더 효과적이다. 주변에 불빛이 없을 때 별이 잘 보이는 것과 같은 이치다.

생명을 품고 있는 흙의 숨소리를 들어 보고, 쉼 없이 낮은 곳에 이르는 개울물의 명랑한 노래와 무한의 자유를 누리면서 계절의 순리를 따르는 바람의 속삭임에 귀 기울여 보아라. 숲길을 걸으며 풀이랑 나무들과 얘기를 나눠 보기도 하고, 들국화의 향기에 취하기도 하면서, 때로는 눈 덮인 풍경을 바라보며 산새들의 추위도 느껴 보아라. 자연은 우리의 영혼을 치유하고 위로한다. 이기심과 집착으로 흐려진 마음의 거울도 말갛게 닦아 준다.

그리고 밤마다 별을 따서 가슴에 담아라. 별을 딸 때는 하나씩 의미를 부여하여라. 반성의 별, 용서·사랑·인내·겸양·양보의 별 등등. 자연은 반성하고 뒤돌아볼 기회를 주는 한편 이해하고 용서하는 능력도 길러 줄 것이고, 맑은 마음의 거울로 세상을 비춰 보는 지혜도 선물할 것이다.

집으로 돌아갈 때는 가슴속에 흙 내음과 물소리와 바람의 속삭임을 가득 채우고, 가슴에 담아 두었던 별을 꺼내어 한 바구니 들고 돌아가거라. 별이 바구니에 가득 차지 않으면 여행 기간을 더 늘려라. 그러면 사람이 그리워질 것이고 아름다운 인연이 떠오를 것이며, 마음의 여유가 생길 것이다. 가슴을 뜨겁게 데워 주는 행운을 만날지도 모른다.

나는 평생 혼자 여행을 많이 다녔다. 홀로 떠난 여행이, 자신을 모르거나 가족과 인연의 소중함을 인식하지 못하는 아둔함을 일깨워 주는 동시에, 잃어버린 긍정의 마음도 되찾아 준다. 결국 자신만을 들여다볼 수밖에 없는 외로운 상황이, 가족과 공동체의 의미를 다시 생각하게 하고 마음의 변화를 불러온다.

이것은 나의 주관적인 처방이라 추상적으로 들릴 수도 있지만, 꼭 같지는 않더라도 이와 유사한 처방을 한다면 분명 좋은 결과가 있을 것이다. 마음이 바뀌지 않으면 삶이 바뀌지 않는다는 것을 명심해야 한다.

🍀 수줍음

내 마음속 사전에는 수줍음이란 말 바로 옆에 겸손·진실·선(善)이란 말들이 있다. 이 말들은 자체로도 아름다운 뜻을 지닌 말이지만 특히, 여성의 아름다움을 얘기할 때 이 네 가지를 빼고 말할 수는 없다. 이것을 다 가진 여성은 얼마나 아름다울까?

🍀 성공

운에 기대면 성공할 수 없다. 목표를 이루면 좋고 못 이루면 그만이라는 안이한 생각이 성공의 적이다. 최선을 다해야 한다. 젊어서 고생은 사서도 한다는 격언이 있다. 도전하지 않는 청춘은 인생의 낭비다. "열정이야말로 성공의 연료이다(카라니 N. 라오, 『위너의 선택』)"는 말도 있다.

객관적인 평가도 필요하지만, 특히 스스로 자신의 일생을 돌아보며 성공했다는 평가를 할 수 있어야 한다. 성공에 대한 정의 중에 에머슨의 시가 압권이다.

무엇이 성공인가

랄프왈도 에머슨

자주 그리고 많이 웃는 것
현명한 이에게 존경을 받고
아이들에게 사랑받는 것
정직한 비평가의 찬사를 듣고
친구의 배반을 참아내는 것
아름다움을 식별할 줄 알며
다른 사람에게서 최선을 발견하는 것
건강한 아이를 낳든
한 뙈기의 정원을 가꾸든
사회 환경을 개선하든
자기가 태어나기 전보다
세상을 조금이라도 살기 좋은 곳으로
만들어 놓고 떠나는 것
자신이 한때 이곳에 살았음으로 해서
단 한 사람의 인생이라도 행복해지는 것
이것이 진정한 성공이다

🍀 허물

크건 작건 허물없는 사람은 없다. 오직 자신을 뒤돌아보고 철저하게 반성하는 자만이 허물을 줄이고 고결한 인격을 갖출 수 있다. 『법구경』에는 "남의 허물을 보지 말라. 남이 했건 말았건 상관하지 말라. 다만 내 자신이 저지른 허물과 게으름만을 보라"는 말이 있다.

🍀 운명의 법칙

암내 낸 암사자를 두고 두 수사자가 목숨을 걸고 싸운다. 거의 모든 동물의 수컷이 짝짓기를 위해 힘겨루기를 하고 암컷은 이긴 쪽을 선택한다. 원래 암컷은 훌륭한 후세를 위해서 우성을 선호하고, 수컷은 종족 번식을 위해 암컷을 구별하지 않는다. 좀 언짢게 들릴 수도 있겠지만, 진화한 인간도 이 운명적인 유전의 법칙에서 크게 벗어날 수 없다.

만약 남자가 어느 여성의 사랑과 관심을 받고 싶다면? 그 길은 하나 밖에 없다. 그 여성에게 최고의 남자가 되는 것이다. 그 여성의 가치관·꿈·희망을 충족시키면서 행복하게 해 줄 수 없다면, 그녀에게 최고의 남자가 되려는 노력이 없다면 선택받을 수가 없다.

그리고 대부분의 여성은, 기백과 굳은 의지가 없는 비굴한 남자나 선함과 따뜻한 마음이 없는 남자에게 끌리지 않는다는 점을 명심해야 한다. 자신과 행복을 지켜줄 수 있고, 험한 세파를 헤쳐 나가며 성공할 것 같은 믿음이 생기지 않기 때문이다. 간혹 부나 권세, 또는 학벌이나 재능에 끌리는 여성도 있지만, 인격의 부족함이 드러나는 순간 거의 모든 여성이 마음을 거두게 된다.

반대로 여성이 한 남자의 사랑을 받고 행복을 누리고 싶다면? 오직 당신만의 여자란 신뢰를 선물하라. 그리고 그가 원하는 여자가 되려고 노력하라. 묶어 두려고 하지 말고 스스로 머물게 하라. 그러면 그 남자는 그대의 일생을 지키는 수호신이 되는 동시에 분명 행복의 동반자가 될 것이다. 훌륭한 남자는 의리의 화신이다. 또 한 가지 중요한 것은, 남자는 선함과 진실성, 정결함과 수줍음을 모두 잃어버린 뻔뻔하고 억센 여성을 좋아하지 않는다는 사실이다.

남자답고 여자다운 본성은 평생 지켜야 할 절대적 가치다. 이 운명적인 유전의 법칙을 무시하는 것은 어리석은 일이다. 가슴 가득 희망을 품고 평생을 함께 하자며 사랑의 맹세를 하고 결혼했던 사람들이 헤어지는 것은, 서로가 서로에게 최고가 되려는 노력, 반드시 필요한 존재가 되려는 노력을 포기했기 때문이다.

🍀 직장 생활

직장 생활에서 가장 중요한 것은 인간관계와 성실이다. 능력과 두뇌가 뛰어난 사람이 직장 생활에 실패하는 경우가 가끔 있다. 이기적인 생각이나 자만심이 성실성과 대인 관계를 해치기 때문이다.

공동체 안에서는 쉽고 좋은 일은 서로 하려하고, 힘들고 성과가 잘 나지 않는 일은 눈치를 보며 피하는 사람이 많다. 그러나 지혜로운 사람은 궂은일을 스스로 처리하고 또, 그런 사람을 눈여겨본다. 세상을 머리로 살지 말고 가슴으로 살아라.

🍀 성취

성취의 기쁨은 무엇과도 바꿀 수 없다. 자신의 노력으로 뭔가를 이룰 수 있는 기회를 박탈당하는 것을 경계해야 한다. 권력이나 부로 무임승차하는 것은 성취의 기쁨을 누릴 수 있는 기회를 빼앗기는 것이고 삶의 질도 떨어트리고 만다. 노력과 도전이 없는 인생은 덧없는 것이다.

🍀 문학

내가 생각하는 문학은, 지금까지 없었던 생각과 가까이 지낸 적 없는 낯선 문장들을 끌어다 서로 피를 통하게 하는 행위이다. 그리고 그것들로 작가의 생각을 드러낸다.

그중 소설은 적극적인 의지의 표현이다. 크게는 한 세상을, 작게는 부분적인 삶을 엮어서 자신의 주장을 펴는 것이다. 그리고 수필은 경험을 진실이란 양념에 버무려 맛을 낸 것이고, 시는 느낌에 자기만이 가지고 있는 생각의 효소를 섞어 발효시킨 것이다.

다시 말하면, 소설은 종합 식품이라 할 수 있고 수필은 자연 식품, 그리고 시는 발효 식품에 가깝다. 막걸리나 치즈가 그렇듯이 가끔 시가 애매한 맛을 내거나 호불호가 엇갈리는 것은 이 때문이다.

문학은 새로운 가치와 아름다운 삶의 의미를 창조하는 동시에, 인간의 어리석음을 채찍질한다. 문학을 가까이하는 사람 중에 어리석은 자는 없다.

🍀 존재의 뿌리

가족과 친인척뿐만 아니라 국가와 민족을 위하여, 자유와 평화를 위하여 헌신한 사람들을 잊지 말아라. 그들이 가꾸고 지켜낸 이 사회와 국가가 네 존재의 뿌리다.

🍀 인내

화를 참아라. 무조건 참아라. 참지 못하는 것은 스스로 마음의 평화를 깨트리는 짓이며, 공들여 쌓은 덕(德)의 탑을 일순간에 허물어트리는 일이다. 분노는 결국 남의 잘못을 자기 자신에게 복수하는 것이다. 『명심보감』에는 "한순간의 분함을 참으면 백날의 근심을 면할 수 있다(忍一時之忿 免百日之憂)"는 말이 있고, G 허버트는 "참을성 있는 사람은 누구에게도 정복되지 않는다"라고 말했다.

화를 참지 못해 죄를 짓는 사람도 있고, 좋은 인연을 잃어버리거나 자신의 인격에 상처를 내는 사람도 있다. 인격의 상처는 치유하는 데 10년이 걸릴 수도 있고 평생 회복하지 못할 수도 있다. 이런 어리석은 짓이 어디 있겠느냐.

🍀 애견

애견을 키우기 시작했으면 생명이 다할 때까지 책임을 져라. 배신을 모르고 주인을 믿고 따르는 순진무구한 생명이다. 잘 돌보면 들인 공보다 더 큰 기쁨을 누릴 수 있다. 조금은 외롭고 팍팍하기도 한 삶의 한 부분을 즐거움으로 채워 줄 것이다.

자식을 키우는 일과 흡사하지만, 나이가 들어도 늘 어린애처럼 귀엽다는 점과 철이 들거나 훌륭하게 자라기를 간절하게 바라지 않는다는 점이 조금 다르다. 집착이 없으니 마음이 편하고 즐겁다. 우리 가족과 15년, 12년을 함께 살다가 저세상으로 간 보리와 아제가 우리 가족을 무진장 행복하게 해 주었던 일들이, 애견이 사람을 행복하게 해 준다는 확실한 증거다.

한 가지 주의할 것은, 애완견의 대소변을 잘 처리하지 못해서 남의 욕을 먹는 일이 없도록 해야 한다. 그렇다면 애견가의 자격이 없다. 자신의 즐거움을 위하여 남을 불쾌하게 하는 것은 사람의 도리가 아니다. 사소한 것 같지만, 사소한 것을 잘 지키는 것이 모든 일의 근본이다.

🍀 숭고함

로빈 샤르마는 『나를 발견한 하룻밤 인생 수업』에서 "타인보다 우월한 것은 숭고하지 않다. 진정한 숭고함은 예전의 자신보다 우월해지는 데 있다"고 했다. 현재의 성취에 자만하지 말아라. 지금보다 더 우월해지는 것이 숭고한 이상을 실현하는 길이니, 시간을 아껴 쓰고 자기와 세상의 발전을 위해 매진해야 한다.

🍀 가짜

간절하지 않은 것은 가짜일 수가 있다. 사랑도 눈물도 한 줄의 글도, 그리고 삶도 마찬가지다. 가짜에 속아 아픔을 겪는 사람이 허다하다.

🍀 도움 되는 사람

나는 누구에게 도움 되는 사람인가? 나의 가족, 나를 아끼는 모든 사람과 이 세상에 도움 되는 존재인가?

내가 자주 화를 내거나 시기·증오에 사로잡혀 있다면, 또한 어리석은 생각을 품고 있거나 그런 행동을 한다면 그 누구에게도 불필요한 존재다. 반면에 사랑스런 생각이나 연민의 정으로 가슴이 따뜻하다면, 그 온기에서 우러나오는 언행이 나와 남을 행복하게 하고, 이 세상을 아름답게 할 수도 있다. 과연 나는 누구에게 도움이 되고 이 세상에 필요한 사람인지 늘 생각해야 한다.

🍀 불행

누군가가 '인생의 세 가지 불행은 학창 시절에 관심 없는 분야를 전공하는 것, 직장에서 최악의 상사를 만나는 것, 사랑하지 않는 배우자와 사는 것'이라고 말했다. 그러나 부모의 가르침을 제대로 받지 못하는 것과, 존경하는 인생의 스승이나 멘토를 만나지 못하는 것이 더 큰 불행이 아닐까. 이런 사람은 인격 형성에 어려움을 겪을 수가 많다.

파스칼은 "불행의 원인은 늘 자신이다. 몸이 굽게 되면 그림자도 굽으니 어찌 그림자 굽은 것만 한탄할 것인가! 나 이외에는 아무도 나의 불행을 치료해 줄 사람이 없다"고 했다. 불행을 치유하는 것과 마찬가지로 "자기를 망칠 수 있는 건 오직 자기 자신뿐이다.(TV 연속극 「선덕여왕」 마지막 회 대사)"

🍀 냉혈동물

가슴속에 사랑과 친절이 없는 인간은 냉혈동물과 마찬가지다. 마음이 차디찰 것이 분명하기 때문이다. 영문학자 장영희 님은 『문학의 숲을 거닐다』에서 "사랑과 친절은 부메랑 같아서 베풀면 언젠가는 꼭 내게 다시 돌아온다는 것, 그래서 결국은 사랑하지 못하는 마음이야말로 이 세상을 살아가는데 가장 불편한 장애"라고 했고, 동화작가 정채봉 님은 『그대 뒷모습』에서, "자신의 몸속에 뜨겁게 끓고 있는 피에게 물어보라. 이 세상의 마지막 그리움은 돈도 명예도 아닌 고요한 사랑이라고 응답할 것이다"라고 했다. 냉혈동물은 특급 장애자요, 불행의 극치다.

🍀 떠도는 말

SNS에 박사보다 더 높은 것이 '밥사'이고, 그 위로 감사·봉사가 있다는 말이 돌아다닌다. 배고픈 사람에게 밥을 사거나 친지나 이웃에게 식사를 대접하는 것을 높게 평가한 말이다. 봉사를 가장 높은 위치에 올린 것도, 남을 생각하며 모두가 함께 행복한 삶의 가치를 소중하게 본 것이다. SNS에는 무책임하고 속된 말도 떠돌지만, 이런 재치 있는 말이나 웃음을 전하는 내용도 많다.

🍀 바닥

우리는 바닥에 누워서 삶을 시작하고, 바닥에 누워서 삶을 마감한다. 바닥의 의미는 단순히 중력의 영향을 벗어날 수 있는 편한 곳을 의미하는 것만은 아니다. 특히, 성공을 꿈꾸는 자는 반드시 마음이 바닥에 닿아 있는지 확인해야 한다. 모든 점핑하는 물체는 바닥에 닿았다가 튀어 오른다.

목적하는 바를 이루었거나 행운을 만났을 때 스스로 닦달하지 않으면 부지불식간에 마음이 바닥을 떠나 방황하다가 자신이 원하지 않는 어느 곳으로 흘러가서 추락할 수도 있다. 등을 바닥에 대고 누우면 편하듯이, 마음도 바닥에 닿아 있어야 편하고 언제든 성공이나 행복을 향해서 점핑할 수 있다.

🍀 할경

남을 업신여기거나 남의 떳떳하지 못한 부분을 드러내는 짓은, 자신의 인품을 손상시키는 비인간적인 행위다. 고결한 인격의 소유자는 할경하지 않는다.

🍀 에너지

제임스 아서레이는 『인생에서 버릴 것과 움켜쥘 것들』에서 이렇게 말했다. "이 세상은 에너지로 가득 차 있다. 이 에너지는 끝없이 이동한다. 이 세상 만물에는 에너지가 있고, 에너지가 있는 모든 물체는 주파수를 갖고 있다. 주파수가 맞으면 서로 에너지가 상승하고 맞지 않으면 줄어든다. 주파수가 맞는 사람을 만나면 에너지가 기하급수적으로 증가하고, 그렇지 않은 사람을 만나면 급격히 감소한다. 사물이나 사건도 마찬가지로 에너지를 주거나 빼앗아 간다. 물과 기름이 만나면 에너지가 감소한다. 위대한 사람은 많은 에너지를 끌어 와서 자신의 에너지로 이용하기도 하고, 많은 사람들에게 에너지를 선물한다."

김연아 선수가 멋진 연기를 펼칠 때 대한민국 국민들은 큰 에너지가 솟아나는 것을 느꼈을 것이다. 그리고 어떤 사람은 남의 에너지를 감소시키기도 하고, 자신의 에너지를 빼앗기기도 한다. 자기주장만 내세우는 정치인이나, 큰 사건들이 국민들의 에너지를 빼앗아 간다. 인간은 에너지를 어느 정도 이상 빼앗기면 창조적이거나 유익한 일을 할 수 없고, 또 병마에도 시달리게 된다.

제임스 아서레이는 또, "생각과 느낌은 진동수가 가장 높으며 따라서 가장 강력한 에너지를 갖고 있다. 엑스선과 감마선이 '단단한 고체'를 뚫을 수 있듯이, 생각과 느낌의 파장은 '단단한 고체'는 물론 시간과 공간까지 관통할 수 있다. 이는 '생각과 느낌도 사실상 물질'임을 뜻한다. 모든 생각이나 느낌은 우주로 뻗어 나가 에너지의 진동을 일으킨다"고 주장했다. 생각 자체가 에너지를 갖고 있다는 점을 명심해라.

🍀 항해

인생은 항해라는 말이 있다. 인간은 건강이라는 배를 탄 채 한 손엔 열정, 다른 손엔 의지라는 노를 잡고 인생의 바다를 항해한다. 이 중에 어느 하나라도 잃어버리면 목적지에 도달할 수 없다.

때로는 파도가 심하고 비바람도 분다. 곳곳에 암초가 숨어 있고 빙산을 만나기도 한다. 그러나 항해하기 좋은 날이 더 많다. 항구마다 등대는 켜

져 있고, 갈매기의 노래와 춤도 있다. 그렇지만 시간은 그리 많지 않다. 세월이 배에 구멍을 내기 전에, 노가 닳아서 부러지기 전에 도착해야 한다.

목적지가 근심과 걱정이 없고 사랑과 행복이 무성한 마음의 낙원이라면, 좋은 인연이 서로 돕고 함께 즐거운 곳이라면 반드시 가 봐야 하지 않겠는가. 열정과 의지의 고삐를 잡고 달려 볼만하지 않은가. 그까짓 양손에 생긴 물집쯤으로 전진하지 못해서야 되겠는가.

🍀 도덕성

도덕성은 개인에게도 소중한 덕목이지만, 도덕성을 겸비하지 못한 정치나 학문, 기술이나 부(富)도 진리가 아니다. 그러므로 그것들을 비판할지언정 칭찬하거나 동조해서는 안 된다. 명나라의 홍자성은 『채근담(菜根譚)』에서 "도덕을 지켜서 사는 사람은 쓸쓸하고 외로운 것이 한때이나, 권세에 의지하여 아부하는 사람은 처량하기가 오랜 세월 동안이다"라고 말했다.

🍀 마음의 울타리

서운함이나 불만이 있을 때 자신을 들여다보면 마음의 울타리가 쳐져 있다. 이 울타리가 관계를 해친다. 재빨리 걷어내서 한구석에 밀어 놓아라.

그리고 어떤 일을 해결하려고 몰입할 때나, 창조적인 일을 할 때는 다시 울타리를 끌어와 잠시 관계를 가려놓고 일을 해라. 그러면 조용하고 한가한 너만의 시간을 누릴 수 있다. 눈에 보이지 않는 마음의 울타리를 간과하지 마라.

🍀 미투운동

'미투운동'은 동 시대·한 사회의 반성문이다. 위선의 질긴 가죽을 벗기는 칼날이고, 권력과 금력이 인권을 유린한 오욕의 땅에 세우는 정의의 깃발이다. 약하고 억울한 사람들이 '미투운동'에 참가할 수 있도록 격려하고 응원해야 한다. 약자를 유린한 자들을 용서하거나 진실을 밝히려는 노력을 게을리 하는 것은, 우리의 행복과 아름다운 세상을 포기하는 어리석은 짓이다.

🍀 연필과 생각

너무 뾰족한 연필은 잘 부러지고 빨리 닳는다. 나는 책에 밑줄 치는 연필을 좀 뭉툭하게 깎아 쓴다. 어쩌다 떨어트려도 부러지지 않고 금도 부드럽게 그어진다. 4B 연필은 무르고 HB는 딱딱해서 B나 2B를 좋아한다.

생각도 이와 비슷하다. 너무 날카로운 생각은 쉽게 부러진다. 그리고 남뿐만 아니라 자신까지도 찌를 수가 있다. 자기주장이 강한 생각은 H나 HB에 가깝고, 줏대 없는 생각은 4B에 가깝다. 연필도 경도가 알맞은 것이 쓰기 좋고, 음식도 간이 맞아야 맛있다. 생각도 중도가 가장 좋다.

🍀 선택의 단계

삶의 기로에서 판단해야 할 때는 다음의 다섯 가지를 고려하여라. 전공 학과나 직업을 선택하거나 결혼 상대를 고를 때, 그리고 다른 선택을 할 때도 참고하여라.

첫째, 얼마나 스트레스를 받지 않고 살 수 있을까?
둘째, 얼마나 즐겁게 살 수 있을까?
셋째, 얼마나 보람되게 살 수 있을까?
넷째, 얼마나 행복하게 살 수 있을까?
다섯째, 얼마나 아름답게 살 수 있을까?
나는 아름답게 사는 것을 인생 최고의 목표로 삼았다.

🍀 책 출간

지금 이 시대에서는 책을 내는 것이 선택 사항이 아니고 반드시 해야 될 일이 되었다. 꾸준히 글쓰기를 하면서, 한 권 이상의 책을 내는 것이 바람직하다. 전문 서적이거나 시·소설·수필집이거나 또는, 여행 기록물이거나 간에 장르를 구별할 필요는 없다. 어떤 직업에 종사하든 자신의 생각이나 일생을 정리하고 알리는 적절한 수단인 동시에, 보편적인 삶에서 비교 우위의 삶으로 가는 효과적인 방법이다.

전문적인 지식이든 일상적인 삶의 얘기든 어렵게 생각하지 말고 평소에 자신의 느낌을 기록하는 습관을 들이는 것이 중요하다. 모든 게 그렇지만 글도 쓰다 보면 쉬워지고 좋은 문장이 떠오를 때도 있다. 소설가 오정희 님은 '앞 문장이 뒤 문장을 불러온다'고 말했다.

글을 쓸 때 한 가지 주의해야 할 점이 있다. 지나치게 미문을 생각하다 보면 진실성이 훼손되는 경우가 있는데, 그렇다면 그 글은 미문이 아니다. 진실을 전하지 못하면 감동은 없다.

♣ 시련

시련 없는 인생은 없고 이겨내지 못할 시련도 없다. 시우쇠가 그냥 태어나는 것이 아니고, 매화가 함부로 향기를 내뿜는 것이 아니다. 시련은 인생을 담금질한다. 시련을 이겨낸 자는 생각이 깊고 인생을 관조하는 남다른 안목을 갖고 있다.

시련을 당하지 않은 사람을 두고 운이 좋다고 하지만 과연 운이 좋은 것일까? 시련에 꺾어진 사람에 비하면 운이 좋다고 할 수 있겠지만 이겨낸 자에 비하면 운이 없는 것이다. 시련은 훌륭한 스승이다. 스승을 만나거든 불평불만 하지 말고 지혜를 터득하는 기회로 삼아라.

♣ 인생은 짧다

살다 보면 어느 순간, 부스러진 추억이 세월의 바람에 흩날리는 모습을 보게 된다. 인생은 짧고 세월은 빠르다. 오늘 할 일을 내일로 미루지 말고, 지금 당장 가장 중요한 일부터 해라. 즐겁게 살면서 자신과 이 세상을 위해서 보람된 일을 과감하게 실행해라. 언제 목숨이 다할지 아무도 모른다.

♣ 즐거운 습관

습관은 모든 성공과 실패의 바탕이다. 좋은 습관을 갖게 되면 성공은 저절로 따라온다고 해도 과언이 아니다. 꿈을 이루거나 건강을 지키는 것, 그리고 원만한 인간관계를 갖는 것도 모두 습관에 달려 있다. 기쁨을 표현하는 것도, 화를 참는 것도 습관이다. 결국 습관은 마음과 몸이 하나가 되도록 하는 것이다. 그래서 습관을 들이면 힘 드는 일도 쉽게 생각된다.

그러나 좋은 습관을 들이는 일이 쉽지 않다. 아무리 의지력이 강한 사람이라도 짧은 시간에 습관을 고치기는 어렵다. 실천하려는 노력과 열정이 없으면 이룰 수 없다. 성공하려는 사람은 끊임없는 연습하기로 나쁜 습관을 버리고 좋은 습관을 길러야 한다. 그래서 인간은 성공의 길을 가르쳐 주는 부모와 스승의 도움이 필요하고 독서도 중요하다.

그중에서도 말하는 습관은 가장 중요하다. 솔직하고 부드러운 말이 신뢰와 호감을 얻을 수 있다. 남에 대한 배려와 좋은 인간관계는 말에서부터 시작된다. 하나의 상황을 수십 가지의 말과 행동과 표정으로 나타낼 수가 있다. 거칠거나 저속한 말을 버리고 좋은 어휘를 골라서 표현하는 습관을 들여야 한다. 말이 분쟁의 불씨가 되는 경우도 허다하다. 구시화문(口是禍門)이란 말도 있다. 좋은 언어 습관은 행복의 필수 영양소다.

웃는 얼굴이나 공손한 태도도 내 것이 되도록 버릇을 들여야 한다. 습관이 되지 않으면 부자연스럽고, 부자연스러운 것은 섬세한 감성의 그물에 걸려 좋은 인간관계를 해치는 걸림돌이 되고 만다. 진정성이 없고 꾸민 것으로 느껴지기 때문이다.

일상생활에서도 마찬가지다. 천천히 잘 씹어 먹으면서 과식이나 편식을 하지 않고, 일찍 자고 일찍 일어나는 습관은 중요하다. 일과 운동과 여가를 즐기는 균형 잡힌 생활은 건강과 함께 쾌적한 삶을 보장한다. 특히, 건강을 해치는 주원인은 나쁜 습관이다.

학문을 연구하거나 창작 활동을 하는 것도 마찬가지로 습관을 들여야 한다. 책을 읽는 것도 농사를 짓거나 연구를 하는 것도 습관이 되지 않으면 힘들고 즐겁지 않다. 즐거운 습관들이기가 필요하다.

어떤 사람이라도 자주 웃고, 적당한 운동을 하고, 한 장이라도 책을 읽고, 발전을 위한 일이나 좋은 일을 하는 습관을 들인다면, 틀림없이 더 나은 사람이 될 수 있다. "지금 읽고 있는 책과 지금 만나고 있는 사람들이 5년 후의 삶을 결정한다"는 말이 있다.

혹자들은 성공을 두고 뼈아픈 노력의 결과니 수많은 실패의 결과라고 말하지만, 사실 성공한 본인들은 그렇게 말하지 않는다. 뒤집어 보면 좋은 습관을 기른 것에 지나지 않기 때문이다. 몸에 밴 습관이 자연스럽게 성공의 길을 열어 준 것이다.

목적을 달성하거나 성공에 이르려면 좋은 습관을 길러야 한다. 제아무리 어려운 일이라도 매일매일 오랫동안 노력하면 이루지 못할 것이 없다. 롤프 메르쿨레는 "천재는 노력하는 사람을 이길 수 없고, 노력하는 사람은 즐기는 사람을 이길 수 없다"고 했다. 즐거운 습관들이기가 성공으로 가는 지름길이다.

✤ 역지사지(易地思之)

지혜로운 사람은 역지사지하는 습관을 갖고 있다. 상대의 입장에서 생각하면 이해와 용서의 힘이 커진다. 역지사지는 좋은 인간관계를 유지하는 지혜다.

♣ 마음의 저울

마음의 저울에 달면, 자신을 위해 남의 행복을 멍들게 하는 사람은 전혀 무게가 나가지 않는다. 눈금이 마이너스에 머물 때도 있다. 제아무리 돈이 많거나 권세가 하늘을 찌른다고 해도, 진심이 없고 인간의 향기가 나지 않는다면 그 저울의 눈금은 움직이지 않는다. 진심과 인품, 그리고 마음의 온기만이 이 저울의 눈금을 움직일 수 있다.

마음의 저울에 달아서 무게가 나가지 않는 사람과 깊은 인연을 맺거나, 함께 많은 시간을 보내는 것은 허무한 일이다.

♣ 아빠의 소원

딸아! 네가 몸과 마음이 크게 아픈 일 없이 살았으면 좋겠다. 이 세상의 발전에 도움이 되는 어진 사람이 되면 좋겠다. 혹시, 남 보기에 좀 가난하거나 초라해 보이는 삶을 살지라도 네가 행복하다면 그것으로 족하다. 그러나 진정으로 너의 일생이 아름다웠으면 좋겠다. ❀

맺는말

새삼 부끄럽다. 아름다운 일을 접하고도 글로 남기거나 여러 사람에게 전하지 못한 게으른 날들이 길었다. 자유·평화·정의를 위해 노력하는 사람들을 큰 박수로 응원해야 했었는데 무심하게 지나친 적이 많았다. 이제 와서 뒤돌아보니 작은 용기까지도 안일한 삶 속에 묻어 버린 지난날이 보인다.

부모의 은혜나 이웃들의 선의를 당연한 것으로 알고, 이 세상도 저절로 돌아가는 줄 알았다. 내가 누리던 자유 민주주의며, 사상과 이념의 동질성이 얼마나 소중한 것인지도 모른 채 여기까지 왔다. 공짜로 생각하던 공기와 햇볕의 존재며 당연하게 여겼던 모든 것들의 소중함을 다시 생각한다.

그리고 내 일생의 소중한 경험 한 부분을 글로 남기지 못했다. 평생 세 사람으로부터 배신을 당했는데, 퇴직 후 산악회에서 만난 사람 J, 퇴직금의 일부를 함께 투자했던 사람 K, 그리고 나머지 한 사람은 공무원 시절 동료였던 H다.

그들은 나에게 '함부로 사람을 믿지 말라'는 큰 지혜를 가르쳐 주었지만, 그 쓴맛이 너무 깊고 커서 스스로 내 감정을 외면했다. 터득한 지혜를 세상에 알리는 것도 좋겠다는 생각이 든 적도 있지만, 다시 떠올리기조차 싫은 일이고, 그들도 숨기고 싶을지 모른다는 생각이 들어서 그냥 묻어 버리기로 했다.

나는 운이 좋은 사람이다. 자가 면역 질환과 교통사고로 두 번이나 죽을 고비를 넘기고 살아남았다. 그 고비마다 삶의 교훈을 얻었고 가치관과 일생의 지표도 바뀌었다. 크고 작은 일들이 오솔길을 걷고 있던 나를 삶의 대로로 이끌었고, 그 대로에서 떠오른 생각으로 시작한 것이 봉사 활동으로 하고 있는 건강 강의다. 운명의 길인 것 같다. 최선을 다할 생각이다.

내가 존경하고 사랑하는 사람들, 나를 아끼는 모든 분들 덕분에 행복했다. 이제 겨우 어떻게 살아야 하는지 그 길이 보일 듯 말 듯한데, 머리 위에 앉은 흰 서리가 차갑다. 지금부터라도 제 분수에 맞는 삶을 살아야겠다. 뭔가 조금이라도 이 세상에 도움 되는 일을 할 수 있으면 좋겠다. 살아 있음에 감사하고, 나의 소중한 인연에 감사한다. ✿